राजस्थानी शब्दों की विकास-यात्रा

डॉ. सत्यनारायण व्यास

प्रभाकर प्रकाशन

ISBN: 978-93-90605-88-0
eISBN: 978-93-90605-93-4

प्रकाशक: प्रभाकर प्रकाशन
प्लॉट नं.-55, मेन मदर डेयरी रोड
पांडव नगर, ईस्ट दिल्ली-110092
फोन: 011-40395855
व्हाट्स ऐप: +91 8447931000
ई-मेल: Sales@pharosbooks.in
वेबसाइट: www.pharosbooks.in
संस्करण: 2021
आवरण: डॉ. मयंक शर्मा
कवर डिज़ाइन: वीरेन्द्र सिंह भंडारी
इनर डिज़ाइन: रोनी उराँव

राजस्थानी शब्दों की विकास-यात्रा
लेखक: डॉ. सत्यनारायण व्यास

पूर्व-कथन

यहाँ शुरुआत के तौर पर राजस्थानी भाषा के पचास शब्दों को लिया गया है। जैसाकि विश्व की अनेक भाषाओं के ख़त्म होने का खतरा मंडरा रहा है, यहाँ कई ऐसे शब्दों की व्याख्या की गई है जो राजस्थानी भाषा से लुप्त हो जाने के कगार पर हैं।

इन शब्दों की यहाँ, ठेठ ऋग्वेद से लेकर लौकिक संस्कृत, प्राकृत और अपभ्रंश से होते हुए राजस्थानी भाषा में आने तक उनके रूप और अर्थ के बदलते हुए प्रकारों पर भाषावैज्ञानिक दृष्टि के साथ विवेचना और पड़ताल की गई है। साथ ही, प्रत्येक शब्द के व्युत्पत्तिमूलक व्याकरणिक पक्ष पर भी संक्षिप्त टिप्पणी है। अभिव्यक्ति की शैली को यथासंभव उत्कंठावर्धक एवं रोचक रखा गया है।

अनेक शब्दों की ऐतिहासिक यात्रा की शोध से बड़े मूल्यवान और आश्चर्यजनक परिणाम प्राप्त हुए हैं- जिन्हें पढ़कर ही जाना जा सकता है। शब्दों की व्याख्या में 'अनुमान' को न्यूनतम स्थान दिया गया है। स्वस्ति!

दिनांक 08.03.2018

-सत्यनारायण व्यास

जयपुर

राजस्थानी का नेपथ्य

प्रस्तुत ग्रन्थ राजस्थानी भाषा के गौरवमय इतिहास की झलक देखने-दिखाने को चंचु-प्रवेश है। जिन्हें हिन्दी की गरिमा का अजीर्ण है, वे राजस्थानी को हिन्दी से पृथक् अस्तित्व देने और मानने को तैयार नहीं है। शौरसेनी प्राकृत से जब हिन्दी ने आँखें खोलीं, उससे कई शताब्दी पूर्व नागर अपभ्रंश से डिंगल यानी राजस्थानी पूर्ण युवावस्था में आ चुकी थी। अत: अगर यह दावा किया जाये कि 'रासो-साहित्य' जितने राजस्थानी के पुराने ग्रंथ हैं, उतने हिन्दी के नहीं, तो इस पर पुनर्विचार किया जाना चाहिए।

राजस्थानी साहित्य के आकर-ग्रन्थों को हिन्दी साहित्य का अंग बता देने की बीमारी आचार्य रामचन्द्र शुक्ल ने हिन्दी साहित्य का इतिहास से फैलाई, जिसका भारोपीय परिवार के भाषा-वैज्ञानिक समर्थन नहीं करते। बीसलदेव रासो, वेलि क्रिसन रुकमणी री तथा ढोला मारू रा दूहा जैसी राजस्थानी की शीर्षस्थ कृतियों को नागरी प्रचारिणी सभा के दफ़्तर में बैठकर हिन्दी की कृतियां घोषित कर देना, उनकी भाषिक-विकास यात्रा की उपेक्षा और अज्ञान सूचित करता है। यह पीड़ा भी इस पुस्तक की क्रौंच वध से उपजी वेदना का प्रतिफलन है।

महान् भाषा वैज्ञानिक डॉ. सुनीति कुमार चाटुर्ज्या हिन्दी और राजस्थानी का आपस में कोई सीधा सम्बन्ध नहीं मानते। वे हिन्दी तथा राजस्थानी को एकदम भिन्न कुलोत्पन्न मानते हैं। श्री चाटुर्ज्या का भाषा-वंश वृक्ष इस प्रकार है –

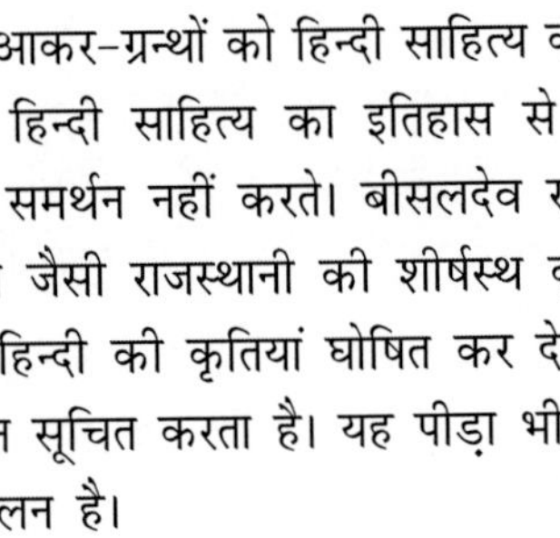

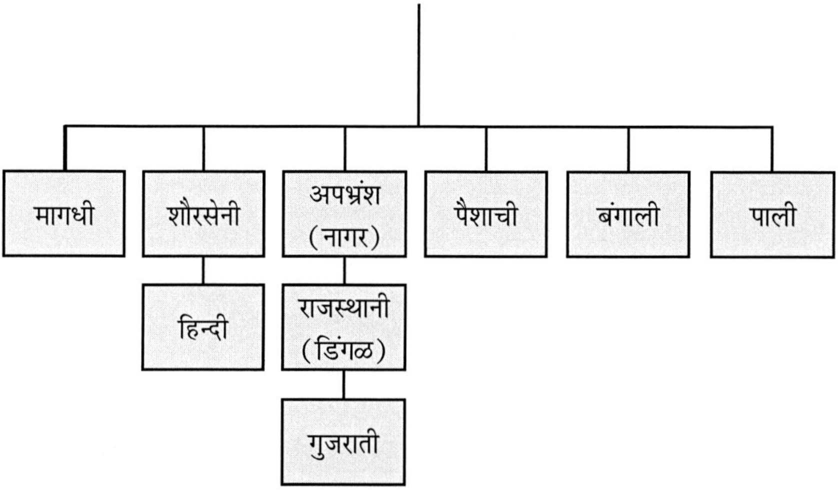

आचार्य शुक्ल प्रसारित बीमारी से प्रभावित हिन्दी के अतिउत्साही समर्थकों ने राजस्थानी को हिन्दी की एक 'बोली' मान लिया। जबकि यह त्रिकाल-सत्य है कि राजस्थानी भाषा और साहित्य की शुरू से अपनी एक स्वतंत्र सत्ता है, जो हिन्दी भाषा, साहित्य के समानान्तर अस्तित्व रखती है।

राजस्थानी का प्राचीन नाम मरुभाषा है। हिन्दी से बिना प्रतिस्पर्धा के यह मरुभाषा विक्रम संवत् 800 से भी पहले पल्लवित हो चुकी थी, जिसका प्रमाण पुराने मारवाड़ राज्य के जालोर नगर में मुनि उद्योतन सूरि रचित 'कुवलयमाला' में वर्णित 18 भाषाओं में स्थापित मानी गई है।

राजस्थानी की एकरूपता न होने का प्रश्न उठाकर कुछ मायड़ भाषा-विरोधी द्वेष-पूर्वक फूट डालकर हिन्दी का अवांछित दायरा बढ़ाने का कूट-प्रयत्न कर रहे हैं, जो उनकी संकीर्णता और भाषिक-विकास की अज्ञानता सूचित करता है। सत्य की खोज करने के बजाय ये लोग जम्बुक-स्वर में 'हू-हू' करने लगते हैं। अस्तु।

यह जानकर आश्चर्य होता है कि राजस्थानी के सैंकड़ों शब्द तत्सम और तद्भव रूप में ठेठ दस हज़ार साल पुरानी ऋग्वेद की भाषा से आए हैं। ऋग्वेद की भाषा प्राक्-संस्कृत है। यानी राजस्थानी की जड़ें संस्कृत की उत्पत्ति से भी पूर्वतम हैं। कुछ शब्द प्रमाण और उदाहरण के बतौर देखिए -

1. **जीमणः** अर्थ है जीमना या भोजन करना। ऋग्वेद में यह अनेक बार आया है

जिसकी व्युत्पत्ति वैदिक धातु 'जिम्' से होकर जमति, जमनम्, जेमनम् शब्द रूप बने। राजस्थानी में ये ही जीमण, जीमणो, जीमाबो, जीमो, जीमावण, जीमणवार रूप बने।

2. **आच्छो:** अर्थ है 'ठीक', उचित और सुन्दर। ऋग्वेद में अनेक ऋचाओं में इसका प्रयोग द्रष्टव्य है।

3. **भण:** अर्थ है कहना, बोलना, पढ़ना। यह लौकिक संस्कृत के 'पठ' से ज़्यादा प्राचीन धातु-रूप है। राजस्थानी में 'छोरो भणबा ग्यो' ठेठ ऋग्वेद के 'भणति' क्रियापद से जुड़ा हुआ है।

4. **सीरी:** अर्थ है हल चलाने वाला कृषक। राजस्थानी ग्रामीण क्षेत्र में यह ज्यों का त्यों सिझारी या बँटाई के खेतिहर के रूप में प्रचलित है और ऋग्वेद में अनेक बार ज्यों का त्यों इसी अर्थ में अंकित है।

इस तरह, विद्वानों को संकेत ही काफ़ी है। हमारी राजस्थानी को ठीक से जानने के लिए अल्पज्ञों को ऋग्वेद का अध्ययन करना चाहिए।

यही कारण है कि राजस्थानी शब्दों की उत्पत्ति और विकास-यात्रा की एक छोटी-सी पगडण्डी के रूप में यह लघु-पुस्तिका सविनय रखी गई है। शब्दों के विवेचन में ऋग्वेद से लेकर संस्कृत-प्राकृत-अपभ्रंश की सूक्ष्म छान-बीन की गई है, जिसमें मेहनत और मनोरंजन दोनों दिखाई देंगे। भूल, त्रुटि, अशुद्धि रह जाना शोधकार्य की खरपतवार है। इति।

- सत्यनारायण व्यास

क्रम

अणघड़

'घड़' के साथ अण उपसर्ग निषेधार्थक है। 'घड़' यानी सुगठित, तराशा हुआ, सुसभ्य, सुरुचिपूर्ण, सुव्यवस्थित, सुसंस्कृत, सन्तुलित। 'अण' लगते ही इन सारे विशेषणों की समाप्ति हो जाती है। अतएव 'अणघड़' का अर्थ हुआ- आड़ा-टेढ़ा, रफ-टफ, खुरदरा, असभ्य, उल्टा-पुल्टा, बेहिसाब। हिन्दी में इसका रूप 'अनगढ़' है।

इससे मिलते-जुलते कुछ शब्द हैं- अणघ जो 'अनघ' का घिसा हुआ रूप है। शुद्ध, अनमोल, निर्दोष, निष्पाप को अनघ कहते हैं- जिसका 'अणघड़' से ध्वनिसाम्य के अलावा कोई नाता नहीं लगता।

इसी तरह, दूसरा शब्द है- 'अगड' जो संस्कृत के 'अवट' का तद्‌भव है और अर्थ है- कूप या कुँआ। इसका हमारे अणघड़ से कोई लेना-देना नहीं है।

'अणघड़' की मूल धातु 'घट्' है, जिसके अनेक अर्थ हैं- घटित होना, संभव होना, एकत्र करना, मिलाना, निकट संपर्क में लाना, कार्यान्वित करना इत्यादि। लेकिन यहां इस धातु का खास अर्थ है- रूप आकार देना, तराशना जैसे कुम्हार घड़े को चाक पर आकार देता है। घटनम् से ही 'घट' (घड़ा) शब्द बना है। यथा 'घटय भुजबन्धम्'। उद्‌घाटन भी 'घट्' धातु से बना शब्द है- प्रकाश में लाना, प्रकट करना के अर्थ में।

किसी आदमी की बोल-चाल अच्छी न हो, अण्ड-बण्ड बिना विचारे बोल देता हो, या उल्टा-सुल्टा व्यवहार करता हो- वह अणघड़ आदमी होता है। दूसरी ओर, जिस धातु के टुकड़े से कोई सही आभूषण नहीं बना हो वह धातु-खंड भी अणघड़ कहलाएगा। राजस्थानी लोकगीतों में एक शब्द 'अगड़' आता है- ठोस के अर्थ में। 'म्हारी माता ने अगड़ घड़ावस्यां'- यानी ठोस सोने के गहने देवी के लिए बनाकर भेंट करेंगे। 'अगड़' का उच्चारण महाप्राण 'अघड़' भी होता हो, तो वह स्वाभाविक है।

अनतनबारो

यह राजस्थान, विशेषकर मेवाड़ अंचल की एक गाली है। कैसे बनी होगी? हम इसी के शब्दों की गहराई में जाएं। यहां तीन शब्द हैं- अन, तन, बारो। जो क्रमशः अन्न, तनु और वारित शब्दों के तद्भव भग्नावशेष हैं परन्तु ये बड़े व्यंजक और अर्थपूर्ण हैं। इस गाली का सीधा अर्थ यह हुआ कि जो अन्न से वारित (वंचित) तन वाला है- 'अन्नेन वारितः तनुर्यस्य।' जिसे रोटी न मिले यानी भुखमरा। अन्न मनुष्य की मूल आवश्यकता है, जिस पर जीवन आधारित है। 'अन्नहीन' होना सबसे बड़ा अभिशाप है। तैत्तिरीय उपनिषद में अन्न की महिमा और परिभाषा बड़ी रोचक है- शांकरभाष्य में। प्राणी जिसे खाते हैं और जो प्राणियों को खाता है- वह अन्न है। संस्कृत में अद् भक्षणे धातु का यही मूलार्थ है। शंकर लिखते हैं- "अद्यते भुज्यते चैव यद्भूतैरन्नमत्ति च भूतानि।" अन्न को मनुष्य का मूलाधार प्राण बताकर उसे 'अन्न-ब्रह्म' कहा गया है-

अन्नं ब्रह्मेति व्यजानात्।
अन्नं न परिचक्षीत।
तद्वतम्। अन्नं बहुकुर्वीत!

हिन्दी के कवि नागार्जुन ने तो 'अन्न पच्चीसी', 'अन्न ब्रह्म की माया' और 'अन्नहीनम् क्रियाहीनम्' तथा 'कई दिनों के बाद' शीर्षकीय शब्दों और पदों से कविताएं लिखी हैं।

अब आप ही सोचिए अन्न से जो रहित हो जाये, यानी भूखों मर जाये, इससे बड़ी गाली, दुष्कामना क्या होगी भला। जैन और शैव वैष्णवों में नग्न दिगंबर साधु होते हैं, जिन्हें वस्त्र की अपेक्षा नहीं- पर अन्न तो वे भी नहीं छोड़ सकते। सारी तपस्या-साधना एक तरफ और अन्न की अनिवार्य सत्ता एक तरफ। तथागत को भी अनेक वर्ष तपस्या करने के बाद आख़िर सुजाता के हाथ की खीर खानी पड़ी। तब उनकी आंखें खुलीं और उन्हें बुद्धत्व प्राप्त हुआ और वे जगत्वन्द्य हुए। अतः अन्न से किसी का तन वंचित न रहे। कोई दुश्मन भी अनतन बारा न हो।

मेवाड़ के दक्षिणी हिस्से में और मालवा के उत्तरी हिस्से में इस शब्द का प्रयोग 'अन्तबारो' बोलकर भी किया जाता है, जो पूर्वोक्त का संक्षिप्त रूप समझना चाहिए। इस लेखक के दादाजी अन्न की महत्ता के बारे में एक दोहा प्रायः बोला करते थे-

हरष देत, तन देत बळ
ताजा राखै मन्न।
सब तैंतीसा आगळा
उरा पधारो अन्न॥

❍

अलूणो

इसका सीधा शाब्दिक अर्थ है- नमक से रहित। 'लूण' राजस्थानी शब्द है, जो संस्कृत के लवण का तद्भव रूप है। लूण भोजन का केन्द्रीय घटक है और स्वाद का मूल आधार। लूण बिना रसोई अधूरी। भावात्मक रूप से भी इसका दूसरा अर्थ है- नीरस, फीका, सारहीन, निरर्थक। मीरा कहती हैं- 'पिया बिना मोरी सेज अलूणी।' यानी भोजन के स्वाद का केन्द्रीय आधार होते हुए लवण या लूण, भावजगत और मनोजगत तक पहुँच गया। लूण से मिलता-जुलता शब्द है- लूण्यो या लूणो- जिसका मतलब है, 'मक्खन यानी नवनीत।' लूण और लूण्या का क्या संबन्ध है? भोजन का प्रमुख आधार लूण है तो लूण्यो भी उससे कम नहीं। क्यूंकि वह 'घी' का पूर्व रूप है। 'घी' राजस्थान में भोजन का रत्न है, प्राण-तत्त्व है। घी के प्रति राजस्थानियों की आसक्ति उत्तर भारत में सर्वाधिक है। अतः लूण और लूण्या में भावार्थ मैत्री-सी हो गई। लूण्या, स्निग्धता के साथ हल्का-सा लवणाक्त स्वाद वाला होता है।

इधर, लूण या लवण से एक भाववाचक शब्द बना है- लावण्य! आह क्या कहने! सौन्दर्य का पर्याय है- लावण्य। बल्कि इसका भाव तो सौन्दर्य से भी बढ़कर है। यों लावण्य का विलोम है, माधुर्य। जबकि माधुर्य तो सौन्दर्य का आधार है। सौन्दर्य में माधुर्य होना ही चाहिए। तो फिर 'लावण्य' का क्या होगा? चालू और घटिया भाषा में किसी खूबसूरत युवती को (क्या नमकीन है!) भी कहा जाता है। नतीजा यह कि नमक और मधु (र) दोनों रसों के आस्वाद केन्द्र होने से सौन्दर्य के भी प्रमुख आधार हो गए! यह भी कितनी रोचक बात है कि गुजराती में लवण को 'मीठो' कहा जाता है, यहां 'मीठो' और 'लवण' एकमेक हो गए। राजस्थानी में लवण को 'रामरस' भी कहते हैं, जो इसकी ईश्वरीय महत्ता को सूचित करता है। मतलब, मनुष्य जाति के सौन्दर्य-प्रतिमान जीभ से शुरू होते हैं और आंखों में जाकर शरणागति पाते हैं। 'शकुंतला' के लावण्य को देखकर 'दुष्यन्त' के मुंह से यह वाक्य निकल पड़ा-

'अये! लब्धं नेत्रनिर्वाणम्।'

एक संयोग या विडंबना और देखिए कि कालिदास के रघुवंश में उल्लेख मिलता है कि 'लवण' नामक एक राक्षस था, जिसके पिता का नाम 'मधु' था। लवणासुर का शत्रुघ्न ने संहार किया था। निश्चय ही बी.पी. (उच्च रक्तचाप) में 'लवण' तथा मधुमेह (डाइबिटीज) में 'मधु'- राक्षस होकर देह के देवत्व का नाश करने में सक्षम हैं। 'लवणम्' नामक एक नरक भी है।

'लवण' में 'ष्य' प्रत्यय लगने से यह पद बना। सौन्दर्य में मिठास है तो लावण्य में सलोनापन (सलवणता) खासियत है। बुद्धि यहां यों चक्कर खा जाती है कि सौन्दर्य मीठा भी होता है और नमकीन भी! दोनों में से ज़ोर किसका है?

'शब्द कल्पद्रुम' में 'लावण्य' की परिभाषा इस प्रकार दी गई है- मुक्ताफलेषु छायायास्तरलत्वमिवान्तरा प्रतिभाति यदङ्गेषु तल्लावण्यमिहोच्यते। अर्थात् जिस प्रकार मोती में उसकी चमकदार 'आब' मोती की शोभा है, उसी प्रकार अंगना के अंगों से भी एक 'आब' या आभा फूटती है- यही लावण्य है! लावण्य में मोती और युवती पीछे है, और उनकी अग्रिम पहचान है- उनकी आभा! पन्त और महादेवी ने भी छायावाद के 'छाया' शब्द की ऐसी ही परिभाषा की है। लेकिन बेचारे बिहारी को कुछ सही शब्द चुनते नहीं बना तो उन्होंने अव्ययसूचक 'औरे' शब्द से ही अपना मनोभाव व्यक्त किया- "वह चितवन औरे कछु, जिहिं बस होत सुजान।" सौन्दर्य और लावण्य वहां शुरू होता है- जहां जबान जवाब दे जाये!

इस तरह, 'लूण' पदार्थ भोजन, स्वाद, जीवन और सौन्दर्य का मूल तत्त्व है। जब लूण न होगा तो 'अलूणो' होने की दशा तो नीरसता की पराकाष्ठा है। 'अलूणी' रोटी तो गरीबी, तपश्चर्या या पथ्य विवशता की हालत में खाई जाने वाली चीज़ है। 'चुपड़ी' जी को ललचाने वाली होती है। लावण्य भी मन को ललचाता ही है। एक शब्द और है 'लालित्य'- जो सौन्दर्य और लावण्य का समानार्थक है। 'लालन' इसी का द्योतक है।

इन सबके बावजूद 'लावण्य' शब्द अर्थ में सभी पर्यायों से भारी है। अत: 'अलूणो' शब्द बेजान, बेस्वाद, अनाकर्षक मन:स्थिति और ज़िन्दगी का वाचक है।

आछो

राजस्थानी में आच्छो, आच्छी, आछा शब्दरूप सुखद, भला, उचित, ठीक, श्रेष्ठ के अर्थ में प्रयुक्त होते हैं। यह विशेषण-पद है और इसका मूल संबन्ध संस्कृत से भी परे ठेठ वैदिक भाषा से अविच्छिन्न है। वैदिक काल में सोमयज्ञ के होता के सहायक ऋत्विक को 'अच्छावाक:' कहा जाता था। यानी, शुद्ध व सही उच्चारण से मन्त्र-पाठ करने वाला व्यक्ति।

वेद से लेकर राजस्थान की मेवाड़ी बोली तक 'अच्छा' अपरिवर्तित रूप और अर्थ वाला शब्द है। यह देखकर आश्चर्य होता है। संस्कृत में इसके स्वच्छ, निर्मल, पारदर्शक और विशुद्ध अर्थ भी माने गए हैं- 'अच्छोद सरोवर' का उल्लेख बाणभट्ट की 'कादंबरी' में विस्तार से आता है। दो उदाहरण और द्रष्टव्य हैं। पहला 'उत्तररामचरितम्' से है कि-

मुक्ताच्छदन्तच्छविदन्तुरेयम्।

(6-27)

तथा, दूसरा 'भामिनीविलास' से इस रूप में है-

'किं रत्नमच्छा मतिः।'

(1-16)

अर्थात् सद्बुद्धि से बढ़कर अच्छा रत्न क्या हो सकता है।

प्राकृत और अपभ्रंश में तद्भवीकरण के चलते 'अच्छ' शब्द भिन्न धातुओं से व्युत्पत्ति के कारण विविधार्थक हो गया। जैसे, 'आस्' धातु होने या रहने के अर्थ में 'अच्छ', अस्त्र का तद्भव रूप भी 'अच्छ' तथा हमारा स्वच्छ-उत्तम अर्थ वाला शब्दरूप 'अच्छ'। अपभ्रंश-काव्य- 'सिरिवाल चरिउ' का एक अंश देखिए-

जा अच्छइ सुहेण जामायउ
ता तहिं एकु पुरिसु संपायउ।

(2-9-13)

अर्थात् जंवाई वहां सुख से बैठा था (आसीन) कि एक पुरुष वहां पर आया। ठीक ये ही आछे-आछी शब्द ब्रज और अवधी में भी सुलभ हैं।

हिन्दी में तो किसी की बात सुनते-सुनते हर बार 'अच्छा, अच्छा' हुंकारा दिया जाता है। इसका समानार्थक शब्द गुजराती में 'सरस छै' बोलचाल में बार-बार बोला जाता है। आश्चर्य सुखद हो, या दुखद दोनों स्थितियों में 'अच्छा'! या 'अच्छा'? बोला जाता है। यह हिन्दी और राजस्थानी बोलने वालों के जिह्वाग्र पर रहने वाला अतिप्रचलित शब्द है और हज़ारों वर्ष प्राचीन भी।

❍

आपो

राजस्थानी भाषा में 'आपो' के एकाधिक अर्थ हैं। अपनापन, स्वाभिमान, मनोबल, स्वत्व, अस्मिता, जीवन, खुदी, धैर्य, खुद्दारी आदि।

इसकी व्युत्पत्ति 'आत्म' शब्द से हुई है- जिसका मूल 'अत्' धातु में है।

आत्म या आत्मा का सर्वाधिक उल्लेख उपनिषदों में हुआ है। 'कठोपनिषद' का एक वाक्य है-

आत्मानं रथिनं विद्धि शरीरं रथमेव तु।

(3-3)

इसके बाद गीता में, आत्मा शब्द पग-पग पर द्रष्टव्य है। एक श्लोक में तो भिन्न अर्थों में यमक अलंकार के साथ यह शब्द आया है-

उद्धरेदात्मनात्मानं नात्मानमवसादयेत्।
आत्मैव ह्यात्मनो बन्धुरात्मैव रिपुरात्मनः।।

(6-5)

प्राकृत और पालि में 'आत्म' शब्द का रूप हो गया- 'अप्प'। हालांकि, इन दोनों भाषाओं में 'आत्म' का तद्भव भी आम होता है। किन्तु गौतम बुद्ध का यह एक वाक्यात्मक उपदेश यहां स्मरणीय है, जिसमें उन्होंने अपने आपको दीपक की तरह ज्ञानालोकित करने की सलाह दी है- अप्पदीपो भव!

अपभ्रंश में इसके शब्द-रूपों की विविधता है- अप्प, अप्पणउं (अपना, स्वकीय), अप्पणय, अप्पणा, अप्पणि, अप्पणीय, अप्पणहु, अप्पा, अप्पाणअ, आपण, आपु, आपुलउ- अब इनसे, पहले हिन्दी के समानार्थक शब्द-रूपों को मिलाकर देखना चाहिए- आप, आपका, अपना, अपनाया, अपनत्व, आपा, अपनापन इत्यादि।

गुजराती में 'आपो' देने के अर्थ- में एक क्रिया भी है, लेकिन उसकी धातु 'अर्पण' है। 'अर्पण → अप्पण → अप्पउ → आपो।' यह आपो 'आत्म' से सर्वथा भिन्न शब्द है।

'आपो राखणो।' राजस्थानी का बहु-प्रयुक्त निर्देश-वाक्य है। 'आपो नीं खोणो' का अर्थ है- स्वाभिमान नहीं खोना और दूसरा अर्थ है- अपना धीरज नहीं खोना। अर्थात् थोड़ी-सी विपरीत परिस्थिति में अथवा किसी कमज़ोर आदमी द्वारा अपशब्द कहे जाने पर आपो नहीं खोना चाहिए!

राजस्थानी में इसी एक 'आपो' शब्द की अनेक अर्थच्छवियां बनती हैं-

(क) आपणोः ऊ आपणो आदमी है।

(ख) आपोः आपो सगळा बाग में चालां।

(ग) अपणापो (अपनत्व): पेली तो ऊ दुसमण हो, पण अबै अपणापो जणावै।

(घ) अपणायो (स्वीकृत): म्हैं गोद लिया लड़का ने बेटा ज्यूं अपणायो है।

हज़ारों वर्ष पूर्व वैदिक-काल का 'आत्म' शब्द पालि, प्राकृत, अपभ्रंश भाषाओं में से गुज़रता हुआ, राजस्थानी में आवश्यकता और सन्दर्भ के अनुसार मूल तत्त्व को सुरक्षित रखते हुए कितने बहु-अर्थक रूपों में प्रकट होता है, यह चकित कर देने वाली शब्द-यात्रा है।

उलाळ्यो

'उलाळ्यो' मूल रूप से चड़स के ऊपरी भाग में बांधा जाने वाला पत्थर का वज़न है, जिसके भार से चड़स कुंए के पानी में जल्दी डूबकर पानी से भर जाता है। नयी पीढ़ी को अब शायद यह बताना और समझाना पड़ेगा कि चड़स क्या होता है! बल्कि, कहना चाहिए कि चड़स क्या होता था! नब्बे प्रतिशत भारतीय किसान अब अपने खेत की सिंचाई ट्यूबवेल, बोरवेल और नहरों से करने लगे हैं। अतः चड़स कहीं-कहीं मुश्किल से देखने को मिलता है। देसी गायों की जगह मिश्रित नस्ल की जरसी और होलिस्टिक गायें और भैंसें, चड़स की जगह ट्यूबवेल और हल-बैलों की जगह अब ट्रेक्टर और मशीनें आ गई हैं।

ऐसी हालत में उलाळ्या तो बहुत दूर रहा, चड़स की चर्चा ही बेमानी है। परन्तु, कृषि के एक खास उपकरण का यह सन्दर्भ ऐतिहासिक महत्त्व तो रखता ही है। यही हमारा प्रयोजन है।

'उलाळ्यो' की जड़ें भी संस्कृत में हैं। 'उत्' उपसर्ग के 'लल्' धातु में संयोग के साथ 'अच्' प्रत्यय लगकर 'उल्लल' शब्द निष्पन्न होता है। जिसका अर्थ- डांवाडोल, कंपनशील पदार्थ है। चड़स से जुड़कर पत्थर का वज़न उसे डांवाडोल करके पानी में डूबो देता है। डांवाडोल में कपंनशीलता शामिल है। 'उल्लल' का एक अन्यार्थ घने बालों और रोमराशि वाला 'लोमश' व्यक्ति या पशु भी है।

प्राकृत कोश में 'उल्ल' का मतलब 'गीला करना', 'उल्लट्ट' का अर्थ 'गिरना' उलट जाना है- ये दोनों मिलकर हमारे 'उलाळ्या' का संपूर्ण अर्थ प्रकट कर देते हैं।

जबकि, अपभ्रंश में भी 'उल्लल' का अर्थ 'कांपना-धूजना' है। 'सुदंसण चरिउ' ग्रन्थ में इस तरह का एक वाक्य है-

तो उल्लइ चलइ खलइ तसइ ल्हसइ णीससइ पणासइ।

(सुदंसण चरित, 9, 4, 9)

अर्थात् राजा की सेना के सामने राक्षसी सेना काँपने, चलने, ढीली पड़ने, डरने व खिसकने लगी।

इसी तरह 'णयकुमार चरिउ' में भी एकाधिक जगह 'उल्लल' क्रिया, उछलने के अर्थ में आई है-

पेल्लइ दलइ मलइ उल्ललइ
महाणरू धायवेयियं।

यानी वह प्रसिद्ध वीर योद्धा अपने प्रहार से शत्रुओं को पेलता, दलन करता, मसलता और उछालता था।

'उल्लाळ्या' भी चड़स को ज़रा उछाल-उछालकर ही पानी में डूब जाने को मजबूर करता है। आज भी कोई बच्चा ज़्यादा उछल-कूद करता है तो उसकी माँ उसे डांटती है- "अतरो उलळ क्हां यॉरे! ढब जा नीं अबे।" बहुत फिज़ूलखर्च और शहखर्च व्यक्ति को भी व्यंग्य से- "ऊ मनख आजकाल घणो ई उलळ्यो, है सा!"- कहा जाता है। एक और उदाहरण 'पउम चरिउ' काव्य से, जिसमें उल्लालिय का अर्थ ऊपर उछाला हुआ, उठाया हुआ वर्णित है-

'किय अंगइँ उल्लालिय खग्गइँ।'

(प. 20-6)

यानी कवच पहने और खड्ग उठाए हुए!

इस तरह संस्कृत से प्राकृत और अपभ्रंश के भीतर यात्रा करता हुआ हमारा 'उलाळ्या' राजस्थान में किसान के चड़स तक आ पहुंचा। शब्द की यह यात्रा अद्‌भुत और आश्चर्यजनक है।

अब चड़स के उलाळ्या के अलावा इसके अर्थ-विस्तार को देखिए। चूंकि पत्थर को चड़स से कसकर बाँध दिया जाता है। अतः वह हमेशा चड़स के साथ जुड़ा ही रहता है। भले ही चड़स को कुंए से बाहर निकालकर रख दिया जाये। ज़मीन पर, गाड़ी पर या दाबड़े पर- कहीं भी रख दिए जाने पर भी उलाळ्या उसके साथ लगा ही रहता है। साथ नहीं छोड़ता।

ठीक इसी तरह, जब कोई मेहमान किसी के घर आता है और वह आदतन अपनी शेखी दिखाने के लिए हमेशा, हर-बार किसी नौकर-चाकर या किसी दोस्त को, या

ड्राइवर, चपरासी आदि को साथ लेकर आता है तो व्यंग्य में उसे मेहमान के साथ 'उलाळ्या' की उपाधि मिलती है। "वे पांवणा जदीं भी घर आवै तो दो 'उलाळ्या' ने लारे लेर आवै।" ऐसा सुनने को मिल जाएगा।

राजस्थानी में इसका एक विलोम अर्थ भी देखने को मिलता है- नीचे झुकना या झुकाना। किसी बैलगाड़ी में पिछले हिस्से में बोझ का भराव ज़्यादा हो और गाड़ी पीछे की तरफ झुकी हुई चलती हो, आगे से ऊँची उठ गई हो तो उसे "गाड़ी उलाळ होना" कहते हैं। उसे ठीक करने हेतु पीछे का कुछ वज़न आगे की तरफ रख दिया जाता है। उसी गाड़ी को खाली करने के लिए, बैलों को हटाकर, गाड़ी को पीछे की तरफ नीचे झुकने को छोड़ दिया जाता है, जिससे सारा सामान स्वतः ज़मीन पर आ जाता है। आजकल यही प्रक्रिया ट्रेक्टर-ट्रोले में डंपर में हाइड्रोलिक सिस्टम से की जाती है। पर यह प्रक्रिया कहलाएगी 'उलाळना' ही।

चड़स को भी पत्थर का उलाळ्या अपने वज़न से पीछे की तरफ नीचे झुकाकर कुंए के पानी में डुबो देता है, उलाळ देता है।

सुनने में मामूली से शब्द 'उलाळ्या' की यह लंबी और गैर-मामूली अर्थयात्रा है।

उंठ्याड़ो

'उंठ्याड़ो' शब्द संस्कृत के 'उच्छिष्टम्' से बना है। इसकी व्युत्पत्ति 'शिष्' धातु से पहले 'उत्' उपसर्ग और 'क्त' प्रत्यय लगने से पूर्ण होती है। इसका अर्थ है- शेष बचा हुआ, अस्वीकृत, परित्यक्त, बासी, जूठन इत्यादि। पुराने विचार, आविष्कार भी उच्छिष्ट कहलाते हैं।

'उच्छिष्ट' शब्द ही घिस-घिसाकर 'उंठियाड़ा' हो गया। एक तरह से यह तद्भव रूप भी तत्सम का उच्छिष्ट है। ड़ा, ड़े, ड़ी प्रत्यय राजस्थानी भाषा की विशेषता है।

उंठ्याड़ो, तिरस्कार सूचक भी है। यह गाली भी है और अपमान भी। बचा हुआ खाना, किसी को देना और खिलाना, मनुष्य का अपमान है। खासकर, भोजन की थाली में खा चुकने के बाद की जूठन तो कतई किसी को नहीं दिए जाने का विधान है। 'मनुस्मृति' का कथन है-

नोच्छिष्टं कस्यचिद्दद्यान्नाद्याच्चैव तथान्तरा।
न चैवात्यशनं कुर्यान्न नोच्छिष्टः क्वचित् व्रजेत॥

(2-56)

अर्थात् किसी को भी अपना उच्छिष्ट खाने को नहीं दे और न ही खुद खाए। प्रातः और साँझ भोजन के बीच में भी कुछ न खाये। अति भोजन न करे और खाकर जूठे मुंह उठकर कहीं न जाये।

कुछ वर्षों पूर्व तक सवर्ण जाति के लोग, अपनी पत्तलों का बचा हुआ जूठा खाना, अंत्यजों को दिया करते थे, जिसका उल्लेख आधुनिक कथाकार स्व. ओमप्रकाश वाल्मीकि ने 'जूठन' नामक आत्मकथात्मक संस्मरण में विस्तार से किया है। यह सामन्तवाद का भर्त्सना योग्य निकृष्ट कार्य था, जो अब समाप्त-सा हो गया है।

इसके विपरीत, प्राचीन काल में और आज भी यज्ञ और हवन आदि में देवताओं

को आहूतियां दिए जाने के बाद यज्ञावशिष्ट खाद्य पदार्थ जैसे क्षीरान्न, चरु, फल-दूध, घृत आदि बहुत ही पवित्र और पुण्यदायक माने जाते हैं। यह सात्विक उच्छिष्ट माना जाता है और बड़े आदर से प्रसाद रूप में खाया जाता है। भगवान को भोग लगाकर फिर खुद खाना उच्छिष्ट नहीं- प्रसाद (उसकी कृपा) माना जाता है।

अवशिष्ट भोजन के अलावा भी उच्छिष्ट के अन्य अर्थ भी हैं। जैसे किसी का आइडिया, आविष्कार, विचार, उपमा, काव्य-पंक्तियां, भाव आदि चुरा लेना या उन्हें दुहराना भी 'उच्छिष्ट' की श्रेणी में आता है। पंडितों के द्वारा बाणभट्ट के शब्द-भंडार और काव्य-वैभव की प्रशस्ति में यह कहा गया है कि बाण के बाद लिखा गया सबका काव्य उनका उच्छिष्ट जैसा प्रतीत होता है-

बाणोऽच्छिष्टं जगत्सर्वम्।

राजस्थानी में उंठ्याड़ो उस स्थान को भी कहते हैं, जहां पर जूठे बरतन मांजे जाते हैं। मांजने में बानी यानी राख अथवा मुलायम मिट्टी काम में ली जाती है। चूल्हे की बानी को तो इतना पवित्र माना जाता है कि यहां उसे लक्ष्मी या 'लछमी' विशेषण से नवाज़ा जाता है। अग्नि तो विश्वभर में पूजनीय है ही, पर उसकी बची हुई राख तक भी यहां 'लक्ष्मी' कहलाती है।

पंडितों का पाखंड भले ही श्मशान से घृणा करे, पर चिता-भस्म तो महादेव भोलेनाथ का सर्वाधिक प्रिय अंगराग है। इसलिए पवित्र-अपवित्र जैसी धारणाएं स्थिति-सापेक्ष हैं।

गुस्से में किसी को 'उंठ्याड़ो' कहना तिरस्कारसूचक गाली है। उंठ्याड़ा खाने वाले को हेय दृष्टि से देखा जाता है। हालांकि, उंठ्याड़ा जूठे बरतन पड़े होने के कारण अपवित्र होते हुए भी, वहीं पर मांजकर साफ चमका दिए जाने की वजह से पवित्र भी माना जाता है।

उंठ्याड़ो किसी भी घर-गृहस्थी का अनिवार्य अंग है, जैसे परिण्डा और चूल्हा। अब शहर-कस्बों में 'उंठ्याड़ा' का रूप बदल गया है। बूण के पास कच्ची ज़मीन का बानी-मिट्टी वाला स्थान, अब आधुनिक 'सिंक' में बदल गया है। सिंक अब स्टीलनेसस्टील, टाइल्स या पत्थरों की एक कूण्डी होती है, जिसमें जूठे बरतन रखे जाते हैं। बानी और बालू की जगह अब विमबार और लिक्विड डिश वॉशर आ गए हैं। बरतन भी धातु के कम हो गए हैं। उनकी जगह सिरेमिक्स, काँच या प्लास्टिक

के बरतन आ गए हैं। जैसा जमाना है, जैसी मानसिकता है, वैसे ही उपकरण आ जाएं तो इसमें क्या आश्चर्य है?

हिन्दी के प्रभाव और दबाव से उत्तर भारत की हर प्रादेशिक भाषा रंग बदल रही है। अतः यहां भी, राजस्थानी में उंठ्याड़ो की जगह जूंठो, झूंठो और ऊंठो शब्द, इसी अर्थ में चल पड़े हैं। कुछ पुराने लोग, 'एंठवाड़ो' भी बोलते हैं, जिसमें मेवाड़ी बोली पर 'माळवी' का असर प्रतीत होता है।

ओळमो

'ओळमो' संस्कृत के उपालंभ शब्द का तद्‌भव रूप है। उप-आ दो उपसर्गों के साथ 'लम्' धातु में 'घञ्' प्रत्यय लगने से, 'उपालम्भ' का निर्माण हुआ। इसके पर्याय हैं- उलाहना, दुर्वचन, निन्दा, शिकायत। 'मालविकाग्निमित्र' में से एक उदाहरण है-

तवोपालंभे पतिताऽस्मि।

प्राकृत में इसका रूपान्तरण हुआ-

उवालंभ, विशेषणपद में उवालद्ध और उवालह। शायद इसी में 'ना' जुड़कर 'वा' का लोप होकर हिन्दी का 'उलाहना' शब्द बना होगा। सूरदास का 'भ्रमरगीत' पूरा का पूरा उपालंभ काव्य है, जिसमें उद्धव को, निर्गुण भक्ति योग साधना अपनाने की शिक्षा देने के विरोध में गोपियों ने उपालंभ-पर-उपालंभ दिए हैं। वहां इसका मूल भाव ताने, व्यंग्य, शिकवा-शिकायत है। जैसे कि देखते है-

जोग ठगौरी ब्रज न बिकैहें।

* * * * * * *

आयो घोष बड़ो व्योपारी।
बांधि पोट जोग ज्ञान की ब्रज में आन उतारी।।

'ओळमो' ज़्यादातर उसी को दिया जाता है, जो अपना हो, निकट हो, प्रेमी-बन्धु हो। अपरिचित को 'ओळमो' नहीं दिया जा सकता, क्यूंकि उसके नाराज़ होकर झगड़े पर उतारू होने का डर है। जो अपना होगा, वह इसे हँसकर या ठस रहकर सहन करेगा। मन ही मन स्वीकार भी करेगा।

मेवाड़ी में इसके दो रूप प्रचलित हैं- 'ओळमो' तथा 'ओळबो'। उदाहरण इस प्रकार है-

"वे तो आपका बेटा का ब्याव में आया,

पण आप वां की बेटी परणी जदीं नीं ग्या।
अबै वे आपने ओळबो देगा।
हुणबा ने त्यार रीजो।।"

'ओळबो' की प्रतिक्रिया में मुस्कराकर मान लेने में ही भलाई है- अन्यथा बातचीत विवाद में बदल सकती है। ओळबा के साथ आत्मीयता और लगाव बराबर बने रहने चाहिए। वरना द्वेष घुस आने को तैयार खड़ा रहता है।

करसो

'करसो' का अर्थ है 'कृषक!' राजस्थानी में इस शब्द के तीन रूप प्रचलित हैं- करसो, करसाण और किसान। प्राचीनकाल से खेती का मूल उपकरण रहा है- हल। हल में लगा रहता है लोहे का तीखा व भारी फाल। फाल न हो तो हल बेकार है। हल लकड़ी का होता है, उसके आगे के हिस्से में निचले सिरे पर ठुंसा रहता है- फाल। इसे राजस्थानी में 'फाळिया' कहते हैं। फाल लगने पर ही हल प्रयोग में लाया जा सकता है। इस हल से खेत जोता जाता है। खेती का श्रीगणेश ही हल से होता है। हल दो बैलों के बीच से जुता हुआ होता है। बैल आगे बढ़ते हैं- किसान उन्हें आगे बढ़ाता है तो हल धरती में गहरा धँस कर उसे फाड़ता चलता है। नीचे की मिट्टी ऊपर आती है और धरती में एक गहरी खुदी हुई रेखा बन जाती है जिसे प्राचीन काल में 'सीता' कहा जाता था। श्रीराम की पत्नी सीता इसीलिए सीता कहलाई कि वह महाराज जनक द्वारा मिथिला में हल जोतते समय 'सीता' से निकले कलश में प्राप्त हुई थी। तब से खेत में खिंची हल की रेखा 'सीता' तो गौण और उपेक्षित हो गई और अयोध्या की रानी 'सीता' उस पूरे अर्थ पर हावी होकर प्रमुख हो गई। हल की रेखा का अर्थ 'सीताजी' में समा गया।

तो, हल को खींचने से खेती करने वाला 'कृषक' कहलाया। 'कृष्' धातु का अर्थ होता है- खींचना, चीरना, फाड़ना- जो कृषि में हल की क्रिया है।

कृष् धातु का दूसरा अर्थ है- काला, श्याम। यह विशेषण है- जिससे कृष्ण शब्द बना। हमारा प्रयोजन यहां पहले वाले अर्थ से है- खींचना। कृष् धातु के दो रूप संस्कृत में प्रचलित रहे- कृषति और कर्षति। पहला तुदादिगण में उभयपदी शब्द है तो दूसरा भवादिगण में परस्मैपदी।

'कृष्ण' शब्द में दोनों अर्थ समाहित हैं- श्याम और आकृष्ट करने वाला। वह श्याम रंग का तो है ही, जीवात्मा तथा भक्तों को अपनी ओर खींचता भी है। ऋग्वेद के मंत्र में भी यही भाव है- 'आकृष्णेन रजसा वर्तमानो निवेशयन्। मृतं मर्त्यंच हिरण्ययेन सविता रथेना देवो याति भुवनानि पश्यन्।' यह मंत्र सूर्य के बारे में है।

अब, हम मूल शब्द और उसके अर्थ पर आएं। कृषक- खेत में हल खींचकर अन्न उपजाने वाला व्यक्ति। अतः वह 'अन्नदाता' भी है। सामन्ती प्रथा में तो राजे-महाराजे-जागीरदार आदि को खामूंखां भय के मारे 'अन्नदाता' (राजस्थानी में बहुप्रचलित अरदास- "खम्माघणी अन्नदाता") कहा जाता रहा। वे तो राजस्व या लगान के बतौर निर्दय 'अन्न-पाता' थे, अन्नदाता तो किसान थे, हैं और रहेंगे।

इस 'कृषक' संस्कृत शब्द का रूप प्राकृत-अपभ्रंश में होते हुए राजस्थानी में इस तरह बना- कृषकः → कृषकउ → करषउ → करसो। दूसरा रूप है कृषाणः → करषाणः → करसाण → किसान।

'कर्ष' संस्कृत-क्रिया थी- खींचना, जो फारसी (अवेस्ता) में 'कश' हो गई। हुक्के-बीड़ी-सिगरेट का 'कश' खींचने के अर्थ में आता है। 'कश' से 'कशिश' बना- खिंचाव और आकर्षण। इस तरह, आकर्षण और 'कशिश' समानार्थक हुए। 'कशिश' में प्यार का आकर्षण भी शामिल है- जो लौकिक से अलौकिक कृष्ण में छिपे आकर्षण तक परिव्याप्त है। जबकि 'कृषि' (खेती) काश्तकारी के सन्दर्भ 'मुद्राराक्षस' और 'पंचतन्त्र' में मिलते हैं। 'चीयते बालिशस्यापि सत्क्षेत्रपतिता कृषिः।' पंचतन्त्र में आता है- कृषिः क्लिष्टा अवृष्ट्या। जो खेती से ही अपनी जीविका चलाए उसे 'कृषीवलः' कहा गया।

निष्कर्ष यह है कि खेती में हल प्रमुख है और हल को खींचना यानी खेत जोतना, कृषि का मूल आधार और कृषक का मूल कार्य है, जिससे कृषि और कृषक शब्द सुस्थापित हुए। कालान्तर में 'कृषकः' शब्द घिसते-घिसते 'करसो' और 'कृषाणः' शब्द भी घिसते-घिसते 'करसाण' हो गया। इनमें ज़रा-सा अर्थ-भेद यह है कि 'करसो' एकवचन व्यक्तिपरक संज्ञा है तो 'करसाण' शब्द जातिवाचक और कृषिवृत्तिसूचक संज्ञा है, जिसमें बहुवचन अन्तर्भुक्त है।

कांमण

यह बड़ा ही बहुआयामी, बहु-स्रोतीय शब्द है। इसका सीधा सम्बन्ध तान्त्रिक अभिचार से है तो इसकी उत्पत्ति इच्छार्थक 'कामना' शब्द से हुई है और इन दोनों के बीच काम (वासना या सेक्स) शब्द भी अपनी जगह अटल अस्तित्व रखता है।

राजस्थानी लोकगीतों में, विवाह के समय कन्या-पक्ष की तरफ से वर-पक्ष वालों के प्रति 'कांमण' गाई जाती है, जिसका उद्देश्य भावी पति या वर को सम्मोहित करके अपने वश में करना होता है। इन कांमण गीतों में जादू-टोने और तंत्र-मंत्र के कई टोटकों का हवाला भी रहता है-

कोरी कोरी कुल्हड़ी में दहीड़ो जमायो राज।

* * * * * * *

गाडा रीजो जी सरदार कांमण आज करूंली।

कांमण या जादू-टोना, ऋग्वेद से भी पुरानी मानवीय अभिक्रियाएं हैं- जिनमें प्रतिपक्षी की चेतना को वशीभूत कर उसे हानि-लाभ पहुंचाया जा सकता है। इनमें मुख्य हैं- स्तंभन, वशीकरण, मारण तथा उच्चाटन।

भारत में लोक व शास्त्र दोनों में इस जादू-टोने-कांमण-अभिचार का अस्तित्व है। तंत्रशास्त्र के अनेक ग्रन्थ हैं। लोकाचार से ही शास्त्र बनते हैं।

मेरे ख्याल से अनुस्वारयुक्त 'कांमण' जहां जादू-टोना का अर्थ रखता है, वहीं बिना अनुस्वार का 'कामण' कामिनी या सुन्दरी का सूचक है। कामिनी भी वही जिसकी पुरुषों को कामना रहती है। इन दोनों को जोड़ने वाला 'कामदेव' है जो खुद अनंग होते हुए भी अंगधारियों को वासना प्रेरित करता है।

सृष्टि का मूल है- 'काम'। इसी से कामना, कामिनी, कामण और कांमण का विस्तार हुआ है।

'काम' की धातु 'कम्' है जिसका अर्थ- इच्छा करना, चाहना है।

प्राणिमात्र की उत्पत्ति, फिर उसकी विषयासक्ति और सृष्टि की सृजन-सन्तानन-प्रक्रिया का एकमेव आधार यही 'काम' है। अतः इसका सर्वाधिक प्रयोग साहित्य में और व्यवहार में सर्वत्र व्याप्त है।

❍

कीणो

'कीणो' शब्द का राजस्थानी में सामान्य अर्थ है- अनाज के विनिमय में कोई भी आवश्यक वस्तु खरीदना। कीणो में मुद्रा की जगह धान या अनाज देकर ही साग-सब्जी, नमक-मिर्च आदि खरीदा जाता था। कीणो की मात्रा भी कोई बहुत ज़्यादा नहीं होती थी- यही कोई सेर-दो सेर-पांच सेर तक पुराने बंगाली तोल से। अब यह रिवाज़, अत्यन्त छोटे गांवों को छोड़कर कस्बों-बड़े गाँवों में तो बन्द हो गया है।

'कीणो' मूलतः संस्कृत की 'क्री' धातु से बना है, जिसके रूप क्रीणाति, क्रीणीते, क्रीतः जैसे चलते हैं- इनमें 'कीणो' की तत्सम ध्वनियां साफ देखी जा सकती हैं। और यह भी समानता है कि कीणो में अनाज के विनिमय का जो भाव है वह 'क्रीणाति' क्रिया में भी है। साथ ही बिना विनिमय के मुद्रा से खरीदना भी शामिल है। एक-एक उदाहरण इस सन्दर्भ में देखिए-

1. क्रीणीष्व मज्जीवितमेव पण्यमन्यन्न चेदस्ति तदस्तु पुण्यम्- नैषधीय चरितम् 3/87-88
2. कच्चित्सहस्त्रैर्मूर्खाणामेकं क्रीणासि पंडितम्।

-महाभारत

इसमें 'वि' उपसर्ग लगते ही विक्रिय या विक्रय रूप बेचने के अर्थ में प्रयुक्त हो जाता है। इसी संस्कृत क्रिया-पद का प्राकृत भाषा में 'कीण' रूप हो गया और राजस्थानी के ओकारान्त स्वभाव से कीण+ओ= कीणो रूप बन गया। यह शब्द का स्वाभाविक विकास है- विकार नहीं। क्यूंकि शब्दों का मानक रूप भले ही व्याकरण तय करता हो, पर यह ध्यान रखना चाहिए कि स्वयं व्याकरण भी लोक-व्यवहार से नियंत्रित और अनुशासित है।

प्राकृत में सकर्मक क्रियारूप 'कीण' है तो इसी का विशेषण-पद 'कीद' (क्रीत) हो जाएगा अर्थात् खरीदा हुआ।

अपभ्रंश में और भी रूपान्तर होता है- प्राकृत के 'कीण' का 'कीनि' हो जाता है और विशेषण-पद 'कीद' का 'कीय' में बदल जाता है। ब्रजभाषा में न 'कीण' रहा न 'कीनि' और न राजस्थानी का 'कीणो' रहा, बल्कि उसका रूप हो गया- 'केना'! सूरदास के भ्रमरगीत में यह शब्द प्रयुक्त हुआ है-

'मूरी के पातन के केना को मुक्ताहल दैहें?'

अर्थात् मूली के पत्तों के बदले कौन मोती या रत्न देगा भला?

यह गोपियों का उद्धव को उपालंभ था- कृष्ण की सगुण भक्ति के बदले उनके निर्गुण योगसाधना की शिक्षा को लेने के जवाब में।

इसी निर्गुण योग बनाम सगुण भक्ति के विनिमय-प्रस्ताव को गोपियों ने एक अन्य पद में इस तरह व्यक्त किया है-

फाटक दैकर हाटक मांगत भौरै निपट सुधारी।

यानी हमें भोली समझकर उद्धव तुम अनाज की थोथी फटकन हमें देकर, बदले में सोना लेना चाहते हो!

भारत के अरण्यवासी और धुर वनवासी लोगों में अनाज ही नहीं- कोई भी वनोपज जैसे- महुआ, फल, लकड़ी, वनस्पति, शहद आदि के बदले में नमक-चावल-वस्त्र आदि का सौदा करके ले जाने का रिवाज़ है। इस हिसाब से 'कीणो' बड़ा व्यापक अर्थ वाला शब्द है।

राजस्थान में चूंकि, ऐसा अब विनिमय प्रचलित नहीं रहा। अत: 'कीणो' शब्द भी गांवों तक में कहीं सुनने को नहीं मिलता। भाषा की यात्रा का यह सच है कि जब वस्तु, पदार्थ, विचार आदि लुप्त हो जाते हैं- तो उनके वाचक शब्द भी लोक-समाज से गायब होने लगते हैं। उनका, मानव की चिरन्तन यात्रा में महत्त्व होने से, ऐसे शब्दों को हमें ऐतिहासिक मूल्य पर बचाने का प्रयास करना चाहिए।

कुँवर

राजस्थानी में बहुप्रचलित शब्द है- कुँवर और कँवर। पहला पुल्लिंग और दूसरा स्त्रीलिंग माना जाता है। राजपूतों में तो यही मान्यता दृढ़ है। कुँवर मानसिंह और बाई राजकँवर।

यह शब्द संस्कृत के 'कुमार:' से बना है, जिसका अर्थ- पुत्र, बालक, युवा तीन रूपों में है। राजकुमार या युवराज के अर्थ में पहले भी प्रयुक्त होता था, आज भी रूढ़ि-परंपरा के तौर पर कई जगह प्रयुक्त होता है। 'विक्रमांकदेवचरितम:' में इस तरह उल्लेख है-

कुमारस्यायुषो बाणः।

युद्ध के देवता और शिव-पार्वती के ज्येष्ठ पुत्र कार्तिकेय का भी दूसरा नाम 'कुमार' है। कालिदास का महान् काव्य 'कुमारसंभवम्' इसी पक्ष पर आधारित है। कुमार शब्द कम्+आरन्, उपधाया: उत्वम् सूत्र से सिद्ध होता है।

इसके इतर गौण अर्थ भी रहे हैं- अग्नि, तोता और सिन्धु नदी। आयुर्वेद के प्रसिद्ध ग्रन्थ 'चरक संहिता' में तो बच्चों के लालन-पालन की विधि का पूरा अध्याय है जिसका शीर्षक है- 'कौमारभृत्य'। कार्तिकेय का वाहन होने से मोर का पर्यायवाची शब्द है- कुमारवाहन:।

कुमार का स्त्रीलिंग कुमारी है जो स्त्रियों के नामों के आगे बहुत प्रचलित है। शैलकुमारी, राजकुमारी, पुष्पाकुमारी इत्यादि। केवल कुमारी शब्द अविवाहित कन्या के लिए प्रयोज्य था। एक जगह 'दुर्गा', 'गौरी' का विशेषण भी कुमारी है।

संस्कृत का 'कुमार' प्राकृत में 'कुमर' हो गया जो राजस्थानी में और भी सुवाच्यरूप 'कुँअर' या 'कुँवर' हो गया है।

इस शब्द को इतना सम्मान मिला कि जंवाई जी को भी 'कुँवर साहब' कहा जाने लगा क्यूंकि वे भी युवावस्था के सुदर्शन व्यक्ति अपेक्षित हैं। बहू के लिए भी कहीं-कहीं 'कँवराणी' शब्द सुनने को मिलता है।

गम

संस्कृत का यह शब्द राजस्थानी में ज्यों-का-त्यों उसी अर्थ में प्रचलित रहा है, पर अब इसका व्यवहार सूखता जा रहा है।

'गम्' धातु जाने, चलने या पहुंचने के अर्थ में है- उसी से 'गम' निष्पन्न हुआ है जो विवेक या ज्ञान तक पहुंचने में भी सार्थक होता है। इसी से आगम, निगम, अवगम, अधिगम, अभिगम शब्द ज्ञान-यात्रा के ही सूचक हैं। राजस्थानी में 'थांने गम नीं पड़ै काई?' का अर्थ यही होगा कि क्या आपको ज्ञान नहीं हुआ।

गत्यार्थक और ज्ञानार्थक दोनों 'गम' बहुप्रचलित शब्द हैं- एक जगह क्रिया है, दूसरी जगह संज्ञा। वहीं उर्दू का 'गम' बिल्कुल भिन्न मूल और भिन्न अर्थ का सूचक है। वहां 'गम' दुःख का पर्याय है। हमारा प्रतिपाद्य 'गम' वर्तमान शिक्षा प्रणाली का केन्द्रीय शब्द बना हुआ है। अधिगम, अवगम, अभिगम- शिक्षाशास्त्र के प्रतिनिधि शब्द हैं।

'गम' का अर्थ विवेक भी है- निर्णायक प्रतिभा! बावजी चतुरसिंह जी का एक नीतिपरक पद है-

'धरम रा गेला री गम नीं है।
जींसू इतरी लड़ा-लड़ी है।'

गांग्यो

यह शब्द राजस्थानी, खासकर मेवाड़ी बोली में तिरस्कार सूचक गाली है। ये गाली क्यों बनी? कब से बनी? खोजने पर इसकी जड़ें महाभारत में मिलती हैं। भारत की सबसे पवित्र नदी है 'गंगा।' वेद और पुराणों में जिसकी महिमा का वर्णन है। आश्चर्य की बात है कि 'गंगा' संस्कृत भाषा का शब्द नहीं है। बल्कि भारोपीय परिवार की किसी भी भाषा से 'गंगा' शब्द नहीं आया। यह भी विडंबना है कि आर्यों की सबसे पवित्र नदी 'गंगा' का नामकरण जनजातियों- मुंडा, कोल, निषाद, किरात के द्वारा हो ना हो किन्तु 'आस्ट्रिक भाषा-परिवार' से 'संस्कृत' में आये हैं। ये वे लोग थे जो संस्कृत नहीं जानते थे, असंस्कृत समझे जाते थे। अतः यह शब्द आया आस्ट्रिक भाषा परिवार की मुंडा भाषा से। इस परिवार को आग्नेय परिवार भी कहते हैं। मुंडा, कोल, किरात, निषाद, संथाल, भूमिज नृजातियां अति प्राचीनकाल में भूमध्यसागरीय क्षेत्र से चलकर अरब, ईरान, अफगानिस्तान को पार करते हुए भारत भूमि में गंगा-तट पर आई थीं और इन्हीं में से कुछ लोग आगे बर्मा, स्याम, इंडोनेशिया होते हुए ठेठ आस्ट्रेलिया तक जा पहुंचे, जहां आज भी इनकी बस्तियां हैं।

'गंगा ही क्यों?' पिनाक, कार्पास, लिंग, बाण, कंबल आदि अनेक शब्द भी संस्कृत के नहीं हैं- ये इसी आस्ट्रिक भाषा-परिवार से संस्कृत में आए हैं। जैसे 'नीर' शब्द भी तमिल से संस्कृत में आया है।

अस्तु, गंगा नदी का विवाह तो महाराजा शांतनु के साथ कैसे हुआ होगा! हां, संभव है कि गंगा-तट वासिनी किसी सुन्दरी जिसका गंगा नाम संभावित है, से शान्तनु का विवाह हुआ होगा। गंगा से महाराज के आठ पुत्र हुए, जिनमें भीष्म सबसे छोटे थे। गंगा के पुत्र होने से भीष्म 'गांगेय' कहलाए-

गंगायाः अपत्यं पुमान् इति गांगेयः।

भीष्म ने पिता की इच्छा भाँपकर आजीवन ब्रह्मचारी रहने की भीषण प्रतिज्ञा की थी अतः उनका 'भीष्म' नाम पड़ा और यही लोकप्रिय भी हुआ। यों, उनका असली नाम

'देवव्रत' था। अविवाहित रहने की प्रतिज्ञा के साथ उन्होंने यह भी प्रण किया था कि जो भी हस्तिनापुर के सिंहासन पर बैठेगा, वे उस शासक और सिहांसन की सुरक्षा और संरक्षण करते रहेंगे। बस, यहीं वे मात खा गए। धृतराष्ट्र के पुत्र-मोह और अंधी ममता को तो जैसे-तैसे उन्होंने सहन कर लिया पर कालांतर में द्यूत-क्रीड़ा में पराजित पांडवों द्वारा दाँव पर लगाकर हारी गई पत्नी द्रौपदी को दुर्योधन के इशारे पर भरी सभा में विवस्त्र किए जाने की हृदयविदारक और घोर अन्यायपूर्ण घटना पर भी वे अपनी सिंहासनानुकूल सुरक्षा वाली प्रतिज्ञा से बन्धे रहकर, निष्क्रिय बैठे रहे। हस्तक्षेप करके उसे रोक नहीं दिया- तब से (शक्ति होते हुए भी) अन्याय के विरुद्ध प्रतिकार न करने वाले के कलंक के तौर पर 'गागेय' नाम हमेशा के लिए मिथक हो गया। जो अन्याय को देखता तो है परन्तु उसका विरोध नहीं करता, वह 'गागेय' कहलाने लगा। भाषा के तद्भव रूप में यही शब्द 'गाग्यो' बना, जो आज भी ऐसे कापुरुषों के लिए गाली के रूप में बरता जाता है।

काल, जनता और इतिहास कितने निर्मम हैं कि ऐसे महान त्यागी, वीतराग, धर्मात्मा, ज्ञानी, इतिहासज्ञ और जीवनभर दूसरों के लिए पसीना बहाने वाले आचार्य भीष्म की सारी तपस्या और तितिक्षा को दरकिनार कर इस एक गलती पर उन्हें 'गाग्या' बनाकर रख दिया। वरना, संपूर्ण महाभारत के परिदृश्य में श्रीकृष्ण के बाद केवल भीष्म पितामह ही सर्वाधिक हैसियत रखने वाले महान व्यक्तित्व थे।

गागेय से मिलते-जुलते अनेक व्यंजक शब्द और भी बने हैं- जिनका अर्थ कुछ का कुछ होता चला गया। जैसे गांगली- यानी तुच्छ और क्षुद्र औरत। मेवाड़ी कहावत है-

हळ की तो हाळ्यां नै अर गांगली रांड की खुंगाळ्यां नै।

अर्थात् हाली को तो हल की चिंता रहती है और गांगली औरत को खुंगाली नामक आभूषण पहनने की चिन्ता लगी रहती है। इसी तरह, गंगू तेली तो हिन्दी में भी चर्चित है। कहां राजा भोज कहां गंगू तेली!

यही नहीं, इसी से मिलता हुआ एक शब्द और है- गांगण। गांगण, ऐसा आर्त्त-कथन है, जिसको सुनने में सामने वाला कोई रुचि नहीं लेता। उदाहरण देखिये-

ऊ आदमी आपणी गांगण गातो ई रियो, पण सुणै कुण?

कोई ताज्जुब नहीं, यदि 'गूंगो' शब्द (जन्म से मूक) भी इसी वंश का हो और 'गूंगाड़्यो' तथा 'गूंगाखाण्यो' जैसे वृत्तिसूचक और जुगुप्सापरक शब्द भी इसी से बने हों, जिनमें खामोश अकर्मण्यता साफ झांक रही है।

गोठ

राजस्थान में इस शब्द का सामान्य अर्थ है- अपने परिवार, रिश्तेदारों या इष्टजनों के साथ मिलकर सामूहिक जीमण के साथ स्नेह मिलन का कार्यक्रम। किसी पहाड़, झरने, तीर्थ स्थान या खेत, कुंए, बाग-बगीचे में 'गोठ' का आयोजन होता है- घर पर नहीं।

संस्कृत के 'गोष्ठ' से घिसकर 'गोठ' बना है। गोष्ठ का अर्थ है- गायों को बांधने का स्थान। आर्यों के घरों में और आज भी गायों का स्थान सबसे पवित्र समझा जाता है। जहां गायें बँधती हैं- वहां मिलकर चर्चा करना 'गोष्ठी' कहा जाने लगा। फिर 'सं' उपसर्ग लगने के बाद वैचारिक सभा-सेमिनार को संगोष्ठी कहा जाने लगा। इन सारी चीज़ों के केन्द्र में 'गो' शब्द विराजमान है।

'गो' शब्द की व्युत्पत्ति भी 'गम्' धातु से हुई है। गच्छति अनेन गो तथा 'गम्' करणे डो (तारानाथ वाचस्पत्यम् में वर्णित) से 'गो' शब्द निष्पन्न होता है जिसका कर्तृवाच्य रूप 'गौः' भी बनता है। अंग्रेज़ी में भी Go (गो) का अर्थ- जाना या चलना ही होता है। क्या पता यह भी 'गम्' धातु की सन्तान हो। प्राचीन आर्य-संस्कृति का प्रमुख आधार गाय थी। यह मुद्रा भी थी, धन भी थी, पोषण का साधन थी, पूज्य थी, दान और विनिमय की चीज़ थी। इस कारण, अनेक शब्द 'गो' के आधार पर बने- गवाक्ष, गवेषण, गोधन, गोचर, गोपाल इत्यादि। यही नहीं- गोरस, गोमय, गोग्रास, गोचन्दन, गोदान, गोधूम, गोधूलिवेला, गोप, गोपी, गोपुरम्, गोमुख, गोमुखी, गोरोचन, गोष्पदम्, गोवर्धन इत्यादि। सूची, इससे भी अधिक लंबी हो सकती है। यहां सिर्फ गाय की विस्तृत महत्ता बताने का संकेत मात्र है।

संस्कृत में गोष्ठ के दो अर्थ हैं- गायों का स्थान अथवा गोकुल और वृन्दावन। प्राकृत में इसका रूप 'गोट्ठ' तथा सभा के लिए 'गोट्ठी' बनता है।

अब, समय के फेर से 'गोठ' का अर्थ बदलकर मात्र सामूहिक प्रीतिभोज तक

सीमित रह गया है। प्रीतिभोज भी घर से बाहर किसी प्राकृतिक सुषमा वाले स्थान पर। राजस्थान में 'गोठ' शब्द कान में पड़ते ही चूरमा-बाटी, खीर-मालपुआ के व्यंजन मनोलोक में घूमने लगते हैं। आखिर भोजन और उसमें भी रसदार मधुर व्यंजन, मनुष्य की स्वादेन्द्रिय के प्रमुख आकर्षण जो हैं।

छन्दड़ा

माँ के आगे जब कोई बच्चा मचल रहा हो, झूठ-मूठ रोता हो या ज़िद करता हो तो राजस्थान प्रान्त में रहने वाली माँ डाँटती हुई बोलेगी-

"कंई छन्दड़ा करै है। छानो रैजा नीं अबै तो!"

इसका क्या अर्थ लगाएंगे आप? यहां 'छन्दड़ा', संस्कृत के 'छन्द' से ही आया है- जिसमें स्वेच्छाचारिता और रोने का लयबद्ध तरीका- दोनों भाव शामिल हैं।

संस्कृत की दो धातुएं यहां उल्लेख्य हैं- छद् आवरण अर्थ में और छन्द् इच्छा, कल्पना या मन की मौज के अर्थ में। काव्यशास्त्र में जो छन्दशास्त्र या पिंगल ग्रन्थ है, उनमें 'छन्द' मन की मौज का तरंगायित कामाचार भाव प्रधानता रखता है। इसीलिए पद्य, छन्द का पर्याय हो गया, जिसमें एक लय अथवा यति-गति-मात्रा के योग से ध्वनि सौन्दर्य प्रकट होता है।

वैदिक-काल में वेद को छन्दस् भी कहा गया, क्यूंकि उसमें गायत्री, त्रिष्टुप् आदि छन्दों का प्रयोग है। इस कारण वेद पढ़ने-समझने की पात्रता अर्जित करने से पूर्व छः वेदांग पढ़ना आवश्यक था- जिनमें 'छन्द' भी शामिल है। इसे वेद का 'षडंग' कहते हैं- शिक्षा, कल्प, निरुक्त, व्याकरण, छन्द और ज्योतिष।

कुछ विद्वानों ने छद् धातु और छन्द् धातु के अर्थ को एकमेक कर दिया है। छन्द के जादुई असर को वे 'छादयति इति छन्दः।' यानी जो मन पर छा जाये एवं अधिकार कर ले, वह छन्द है। यह खींचतान की परिभाषा है।

प्राकृत-अपभ्रंश और हिन्दी में 'छन्द' शब्दरूप और अर्थ- दोनों दृष्टियों से अक्षुण्ण पाया जाता है।

राजस्थानी में, 'छन्द' में 'ड़ा' प्रत्यय लगते ही इसका अर्थ विशिष्ट हो गया है। कोई बालक या युवक बनावटी व्यवहार कर अपनी बात मनवाना चाहता हो, या किसी की नकल-मिमिक्री कर रहा हो- इन सारी अवस्थाओं को 'छन्दड़ा' कहा जाएगा।

कोई नवेली बहू पीहर जाने की वर्जना के बावजूद कोई झूठा रोना-धोना या नाटकीय उपक्रम करती हो, तो वह भी 'छन्दड़ा' शब्द का ही भावार्थ होगा। इस तरह, वेद के 'छन्द' से लेकर इस 'छन्दड़ा' का विकास-विकार या परिवर्तन एक रोचक यात्रा के चिह्न तो छोड़ता ही है।

जँवाई

संस्कृत के जामातृ (आकारान्त जामाता) शब्द से हिन्दी और राजस्थानी का जंवाई शब्द बना है। 'जायां माति मिनोति मिमीते वा' ऐसी निघण्टु की परिभाषा है। जो किसी की पुत्री को अपने लिए जाया यानी पत्नी स्वीकार करे, माँग भरकर उसे सुचिह्नित-सुनिश्चित करे वह व्यक्ति जामाता है। 'जामा' पुत्री को कहते हैं, उसे जो 'जाया' (पत्नी) बना ले, वह जामाता हुआ। जामा शब्द के मूल में भी 'जम्' धातु है जिसमें 'अण्' प्रत्यय लगकर स्त्रीलिंग 'आ' जुड़कर 'जामा' निष्पन्न होता है। किन्तु धातु 'जम्' के भी दो अर्थ हैं- एक तो जीमना-भोजन करना और दूसरा अपने अंश से जन्म लेना। संस्कृत से हिन्दी-राजस्थानी तक आते-आते इसका रूपांतरण इस तरह से हुआ- जामातृ → जामाता → जामाउ (प्राकृत) → जामाइय (अपभ्रंश) → जाँवाइय → जाँवाइ → जँवाई।

इसी के साथ, प्राकृत में 'जामि' बहन और भगिनी के लिए और 'जामिग' शब्द भानजे के लिए प्रयुक्त होता है। संस्कृत में जामेय या भागिनेय कहते हैं।

लगे हाथ, एक रोचक बात 'जामित्रम्' समध्वनिक शब्द को लेकर है। जन्मकुंडली में लग्न से सातवें घर को 'जामित्रम्' कहते हैं जिसमें ज्योतिष शास्त्रानुसार जाया के भावी पति के मिलन योग का भाव है-

जाया मित्रम् इति जामित्रम्।

हिन्दी में जँवाई के पर्याय जहां- दामाद, पाहुन आदि हैं, तो राजस्थानी में जँवाई सा, कँवर सा, पावणा कहने का रिवाज़ है।

'जंवाई' का पद सम्मानजनक होने के बावजूद भी बहुत 'फोर्मल' भावना वाला है। क्यूंकि जंवाई को दो दिन का मेहमान माना जाता है- बस इतनी ही अवधि में वह सम्मान का पात्र है। यदि जंवाई ज़्यादा दिन रुका रहता है, तो उसकी इज़्ज़त कम होती जाती है। महाकवि बिहारी ने भी लिखा है-

घरह जँवाई लौं घट्यौ
खरो पूस दिनमान।।

पोष माह का दिन घर-जँवाई के घटते हुए सम्मान की तरह छोटा हो गया है।

राजस्थान में भी एक कहावत है- पहले दिन पावणा, दूजै दिन का रावणा, तीजै दिन तैमलावणा। 'तैमलावणा' का अर्थ है- अब ये यहां से फूट क्यों नहीं जाते।

महाकवि भारवि को उसके पिता बात-बात पर डाँटते रहते थे, तो उसने पिता को मारने का विचार किया। इस दुराशय से माता-पिता के शयनकक्ष से कान लगाकर आहट लेने लगा। तभी उसने पिता द्वारा माता के समक्ष अपनी भरपूर प्रशंसा करते सुना। दूसरे दिन, पश्चात्ताप के साथ पिता से ही अपने इस अपराध का प्रायश्चित- उपाय पूछा, तो पिता ने उसे छः महीने ससुराल जाकर रहने की सजा दी। ससुराल में जाते ही तो आवभगत हुई। फिर लगा कि जंवाई जी तो जमे हुए हैं, जा ही नहीं रहे हैं। तो उन्हें दिनभर खाली बैठे रहने के बजाय भैंसे चराने भेज दिया गया- जहां छः माह में उन्होंने भैंसे चराते हुए 'किरातार्जुनीयम्' महाकाव्य की रचना की।

जँवाई का पद बड़ा विचित्र और अजीब है। तुलसीदास जी बिना बुलाए, बिना बताए आधी-रात में ससुराल पहुंच गए थे। उनका यह आगमन न तो उनके साले-सलहज को उचित और अच्छा लगा और न रत्नावली उनकी पत्नी को शोभाजनक लगा। फलस्वरूप, रत्नावली के कड़वे वचनों से बहुत बड़ा काण्ड घटित हो गया और वे गृहस्थ से रामभक्त 'बाबा' तुलसीदास हो गए!

मेवाड़ में जँवाई को औरतें मज़ाक में कई संबोधन देती हैं-

"बापड़ो, परायो जायो बारणै बैठो ए! बायाँ, वांने पांणी तो पाओ।"

गीतों में जंवाई को 'भाण्डज' भी कहा गया है। यहां तक कि पीठ पीछे, जंवाई को खाली बैठा जानकर, जीमण-कार्यक्रम आदि समारोह में दरवाज़े पर कुत्ते ताड़ने लायक काम सौंपने का भी परिहास किया जाता है।

संस्कृत में, एक सुभाषित की पंक्ति है-

'जामाता दशमो ग्रहः।'

नौ ग्रह तो भगवान ने बनाए, पर जंवाई दसवां ग्रह है, जो शनिचर से भी ज़्यादा 'रिस्की' और घातक है। उसके नाज़-नखरे उठाओ, आवभगत, मान-मनुहार करो तो

भी पता नहीं कब किस बात पर नाराज़ हो उठे। बेटी को छोड़ जाये, उसे सताने लग जाये। अतः माँ-बाप, भाई आदि सब दसवें ग्रह को सावधानीपूर्वक सम्मान देते रहते हैं। एक लोक-प्रचलित पुराना दोहा भी यहां अर्थपूर्ण है-

जाट, जँवाई, भाणजा, रेबारीर सुनार।
ये नहिं किण रा भी सगा, कर देखो बैवार॥

जंवाई को, जो कुछ ज़्यादा ही तुर्रमखां हो, जमदूत से कम नहीं माना जाता। एक लोकगीत में भी परोक्ष रूप से ऐसा ही भाव प्रतीत होता है-

थूं तो अबके बचाले ए म्हारी मांय
बटाउड़ो आयो लेबा ने।

इससे मिलता-जुलता भाव, विवाह के बाद कन्या की विदाई पर गाया जाने वाला 'कोयल बाई' वाले गीत में भी है-

ऐ आयो सगां रो सूवटो
ऐ ले गयो टोळी में सूं टाळ
कोयल बाई सिध चाल्या।

'जंवाई सा' सबसे ज़्यादा बोले जाने वाला शब्द है। जो बड़े हैं, वे 'कँवर साहब' भी कहते हैं। बड़ा साला कँवर साहब कह सकता है, परन्तु छोटा साला जीजा सा या बहनोई सा ही कहेगा। आजकल तो नई पीढ़ी में और छोटा संबोधन 'जीजू' चल पड़ा है, जिसमें सम्मान कम और प्यार की बोल्डनेस ज़्यादा झलकती है। सलहज, उन्हें नणंदोईसा कह सकती है।

भारत के पूर्वोत्तर अंचल की कुछ जन-जातियों और केरल-तमिलनाडु के अलावा दुनिया की कुछ जातियों में मातृसत्तात्मक परिवार होने से जंवाई की भूमिका, अधिकारहीन नौकर या मजदूर से ज़्यादा नहीं होती। सारी सत्ता माँ-बेटी के हाथों में रहती है। जंवाई महज़ आज्ञापालक होता है।

समय के साथ कई रीति-रिवाज़ अब बन्द हो गए हैं, उनमें जंवाई को भोजन कराते समय उन्हें गाली गाना तथा साली-सलहजों द्वारा पहेलियां (पारसी) या ठेळयां पूछना भी शामिल हैं। जंवाई से पूछी जाने वाली 'पारसी' के कुछ उदाहरण रोचक हैं-

1

ओवरा में ओवरो जी
जीं में करूं रसोई
आलीजा की याद आई
धूंवा के मस रोई
जंवाई म्हां की ठेळी को पड़ खोलो जी
नींतर थांकी मांयड़ ने गैणे मेलो जी
नींतर गाबा वाल्यां ने साई सूंपो जी।

(इसका उत्तर है - 'प्याज')

2

पांच बरस की डावड़ी जी जंवाई सा
असी बरस को बीन्द
वाँने आवे खेलबो
जी जँवाई सा
वांने आवे नीन्दक
अंतर कपटी छो, धण सूं छोटा छो
बाई सा का चाकर छोजी
जंवाई सा बोलो अमरित बोल।

(इसका उत्तर है - 'सुई डोरा')

इसी प्रकार, जंवाई को गायी जाने वाली गाळ का नमूना भी देखने योग्य है-

जंवाई सा थैं तो म्हारे
बना ही बुलायां आया रा
म्हारी बेटी ने नंह भेजूं सा घर जाय॥

धर्म-पुत्र, घर-जंवाई होते हुए भी जंवाई 'बेटे' का स्थान नहीं ले सकता। वह 'अपना' होते हुए भी पराया है- ठीक उसी तरह जैसे बेटी अपनी होते हुए भी परायी मानी जाती है।

जीमण

आश्चर्यजनक बात है कि वैदिक संस्कृत से लेकर लौकिक संस्कृत तक में 'जिम्' धातु से बने 'जमनम्' या 'जेमनम्' शब्द का सीधा अर्थ- खाने या भोजन करने यानी जीमने से है। प्रसंगान्तर से छूट लें तो ऋग्वेद में 'सीरी' शब्द का अर्थ खेती करने वाला है, जो राजस्थानी में ज्यों-का-त्यों सिझारी के लिए बोला जाता है। इसी तरह जमना (अर्थात् जीमना) और 'भण' यानी पढ़ना भी राजस्थानी में तथा गुजराती में यथावत् प्रयुक्त होते हैं। गुजराती-होटलों के बाहर सूचनापट्ट पर लिखा रहता है- 'जमवा माटे सगवड़' तथा राजस्थानी में 'छोरो भणबा ग्यो' ऐसा कहा जाता है। बेटे के ब्याह में होने वाला प्रीतिभोज 'जीमणवार' कहलाता है, जिसे तुलसीदास ने भी 'मानस' में 'जेवनार' लिखा है। यह रसोई गोठ से अलग है।

संस्कृत में इसके शब्दरूप चलते हैं:-

जमति - जमतः - जमन्ति।

अतः जेमनम् → जेवनम → जेवणम → जीमण रूप बने हैं। इस अर्थ-परंपरा से ब्याव-शादी या किसी भी मांगलिक रसोई को 'जीमण' कहा जाने लगा। मनुहार में भी- 'आप जीमो सा', अबै आप जीमण सरू करो सा अथवा जीमबा पधारज्यो। मृत्यु भोज के लिए आयोजन को जीमण नहीं कहा जाता- वह तो कर्यावर, मौसर या काट्टा कहलाता है।

जूण

संस्कृत के 'योनि' शब्द का तद्भव रूप है- जूण। स्त्री-जननांग तथा उत्पत्ति स्थान, दो इसके प्रधान अर्थ हैं। 'कारणतत्त्व' भी इसका अर्थ है। प्राणियों की प्रजाति का सूचक भी है 'योनि' या जूण। जैसे मनुष्य-योनि, प्रेत योनि अथवा 'मनखांजूण।'

योनिज, गर्भाशय के द्वारा जन्म लेने वाले को कहते हैं- जिसका दूसरा नाम 'जरायुज' है। प्राणियों की चार श्रेणियां हैं- उद्भिज्ज, स्वेदज, अण्डज और जरायुज। इनमें चौपाए और मनुष्यादि जरायुज या योनिज हैं। कुछ जलचर व पक्षी भी योनिज श्रेणी में आते हैं।

योनि, प्राकृत में जोणि या जोणी हो गया और अपभ्रंश में भी इसका यही रूप है। बस, राजस्थानी में आते-आते जोणी का जूण हो जाना स्वाभाविक परिवर्तन है।

व्यापक अर्थों में भी योनि या जूण शब्द आते हैं। यथा- ब्रह्मयोनि, कमलयोनि, विश्वयोनि। ब्रह्मसूत्र का प्रतिपादन है- 'शास्त्रयोनित्वात्'। शास्त्रों में प्राणियों की 84 लाख योनियां मानी गई हैं, जो गणना की सत्यता के बजाय असंख्यता की सूचक अधिक है।

ठूँठबो

संस्कृत भाषा में 'तुष्' धातु का अर्थ है- प्रसन्न होना, परितृप्त होना, आनंद होना, सन्तुष्ट होना। इसमें 'क्त' प्रत्यय लगने के बाद तुष्+क्त= तुष्ट शब्द निष्पन्न होता है। इसी से बना है राजस्थानी का ठूंट या ठूंठ, जिसका यही तुष्ट वाला अर्थ है। वृक्ष कटने के बाद बचे हुए तने को भी 'ठूँठ' कहते हैं, पर उसका इससे कोई लेना-देना नहीं है। हालांकि अनाज की भूसी वाला 'तुष' शब्द भी इसी धातु की निर्मिति है, परन्तु एक ही धातु से भिन्नार्थक शब्द निकलना कोई अनहोनी बात नहीं है। यही नहीं, हिमपात का तुषार शब्द भी इसी धातु की उपज है। तुष्ट का स्त्रीलिंग रूप तुष्टि और 'सं' उपसर्ग लगने के बाद 'संतुष्टि' रूप बनता है।

तत्पश्चात् प्राकृत और अपभ्रंश में तुष्ट और तुष्टि के परिवर्तित रूप तुट्ठ और तुट्ठि मिलते हैं- जो पूर्वोक्त का स्वाभाविक विकास है।

राजस्थान की लोक कथाओं- विशेषकर दशामाता, चौथमाता, शीतलामाता, संतोषीमाता तथा अन्य देवी-देवताओं की मनुष्यों पर कृपा को 'ठूंठना' शब्द से ही व्यक्त किया जाता हैं

संस्कृत से राजस्थानी तक आते-आते इस तरह यह शब्दरूप बना है- तुष्ट → तूठ (ना) → ठूठ (ना) → ठूँठ (ना)। हिन्दी में देसी रूप तूठना और तुष्ट होना दोनों चलते हैं।

लोककथाओं का सुखद अन्त प्रायः 'ठूंटना' युक्त पद-वाक्य से होता है। कथा में पहले तो उपासक या गृहस्थ-गृहिणी की त्रुटि, लापरवाही या अश्रद्धा की कहानी कही जाती है। तदुपरान्त उस अनास्था से हुई अति का दर्दनाक वर्णन किया जाता है। क्षतिजन्य पश्चात्ताप के साथ जब दोषी व्यक्ति पूरी श्रद्धा के साथ उस नाराज़ दैवी शक्ति की उपासना, साधना और प्रार्थना करता है तो पुनः सम्बंधित देवी-देवता प्रकट होते हैं और उसे वापस यथावत, दुःखमुक्त करके संपन्न बनाने का आशीर्वाद देते हैं। कथा सुनाने वाली महिला अन्त में कहती है कि-

"जस्यान वां दुख्यारी ने दशामाता ठूंठी, उस्यान सबने ही ठूंठजो।"

इस भरत-वाक्य के साथ वह कथा समाप्त हो जाती है और उपस्थित श्रोता-समूह उस देवी-देवता की जयकार करने के बाद विसर्जित होता है।

❍

ढोला

ढोला शब्द के दो अर्थ हैं- एक तो राजस्थानी लोकगीतों में प्रयुक्त पति या दूल्हा। दूसरा, एक इतिहास-प्रसिद्ध नरवर का राजकुमार, जिसकी शादी मालवणी और मारवणी के साथ हुई थी। राजस्थानी के प्रसिद्ध लोक-काव्य 'ढोला मारू रा दूहा' का वह प्रेमी नायक है। ढोला मारू काव्य की रचना का समय 1000 साल पूर्व का है। एक रम्य दोहा देखिए-

ढोला थारै कारणै ताता भात न खाहिं।
हिवड़ै भीतर पिउ बसई, दाझ्यां ती डरपाहिं।।

यह संस्कृत के 'दुर्लभ' शब्द का प्राकृत-अपभ्रंश में से होता हुआ- राजस्थानी में आया हुआ तद्‌भव शब्द है जिसका रूपान्तरण इस तरह हुआ- दुर्लभ → दुल्लह → दुल्लहा → ढुल्लह → ढोल्लह → ढोल्लउ → ढोलो या ढोला। राजस्थानी में प्राय: संज्ञा शब्द का एकवचन पुल्लिंग में ओकारान्त होता है। अत: 'ढोलो' सही है, पर वाक्य प्रयोजन से 'ढोला' भी व्यवहार्य है। जैसे

"ढोला म्हारै रखड़ी घड़ाजो जी।"

* * * * * * *

"ढोला म्हारै थमण्यां घड़ाजो जी।"

कन्या के लिए वर ढूंढना हमेशा एक कठिन और मुश्किल भरा कार्य माना जाता रहा है। अत: 'वर' को 'दुर्लभ'- विशेषण का पर्याय ही मान लिया गया। यही 'दुर्लभ' वर-सूचक होकर दुल्हा या दूल्हा बना। फिर ढोला भी बना। इस दुर्लभ शब्द से ही दो तरह के शब्द-रूप बने जिनका अर्थ समान है-

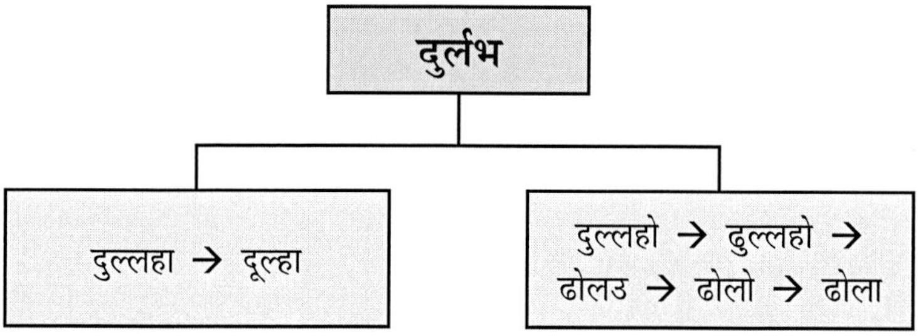

सिर्फ यही नहीं। इस शब्द की तद्भव परंपरा आगे बढ़ती रही और लोक ने दूल्हा का स्त्रीलिंग 'दुल्हन' तथा 'ढोलो' का स्त्रीलिंग 'ढुल्ली' भी बना लिया। ढुल्ली-ढुल्ला राजस्थान की ग्रामीण बच्चियां, कपड़े के गुड्डा-गुड़ियों के रूप में हाथ से बनाकर खेलती आई हैं।

आदिकाल के हिन्दी-राजस्थानी काव्य-ग्रंथों में भी ढोला शब्द 'ढोल' नामक वाद्ययंत्र के रूप में भी प्रयुक्त हुआ है। उदाहरणार्थ, 'हम्मीररासो' के जो पद 'प्राकृत-पिंगलसूत्र' में मिलते हैं, उसमें यह शब्द ढोल (बाजा) के अर्थ में आया है-

ढोला मारिय ढिल्लि़ महँ
मुच्छिउ मेच्छ सरीर।

* * * * * * *

मारु ढिल्ली मह ढोल्ला।।

(यानी, राणा हम्मीर ने दिल्ली मे ढोल बजाकर म्लेच्छों को मार गिराया।)

अल्पांश में ढोला का एक गौण अर्थ मूर्ख या बेवकूफ भी होता है।

यह ध्यान देने योग्य बात है कि आज की बोलचाल की रोज़मर्रा की राजस्थानी में जनता इस शब्द का व्यवहार नहीं करती। ढोला के बजाय प्राय: धणी, परण्यो, बीन्द शब्द प्रयुक्त होते हैं और लड़ाई-कलह में तो औरतें 'थारो माटी' शब्द भी गृहीत रूप में काम में लेती हैं।

जहां तक 'दूल्हा' शब्द की बात है, इसका रूप-विकास होता ही गया- विशेषकर स्त्रीलिंग में- दुल्ही, दुल्हनिया जैसे रूप, जिनको लोकगीतों, फिल्मी गीतों और रीतिकालीन ब्रजकाव्य में देखा जा सकता है।

❍

दोयतो

दोयतो, बेटी का बेटा कहलाता है। संस्कृत में बेटी के लिए 'दुहितृ' शब्द है जो 'दुह्' धातु में 'तृच्' प्रत्यय से बना है। सुविधा के लिए 'दुहिता' शब्द भी व्यवहार में आया, जैसे मातृ का माता या पितृ का पिता और भ्रातृ का भ्राता हुआ।

'दुह्' धातु जिससे यह शब्द बना, उसके कई अर्थ हैं- दुहना (दोहन), निचोड़ना और उद्धृत करना। लेकिन सर्वाधिक प्रचलित अर्थ दुहना है, जिसका संबन्ध गाय-भैंस आदि का दूध निकालना। फिर, व्यंजना से इसका अर्थ किसी का सारतत्त्व, हिस्सा खींच लेना, अपने मतलब के लिए किसी व्यक्ति या संस्था से लाभ उठाते रहना भी, दोहना हो गया। जैसे रघुवंश में उल्लेख है-

दुदोह गां स यज्ञाय शस्याय मघवा दिवम् ।

(1-26)

इसी तरह, एक उदाहरण कुमारसंभव से भी देखने योग्य है-

भास्वन्ति रत्नानि महौषधीश्च प्रथूपदिष्टां दुदुहुर्धरित्रीम्।

(1-2)

इन सबके बावजूद, दूध दुहना इसका केन्द्रीय अर्थ रहा है। आर्य चूंकि वृत्ति से पशुपालक थे और दुहने योग्य प्रमुख पशु थी गाय। जो हजारों की संख्या में होती थी क्षमता के अनुसार कम-ज़्यादा। गायों को दुहने का कार्य अविवाहित बेटियां करती थीं। यह काम उन्हीं के जिम्मे था। अतः वे दुहितृ या 'दुहिता' कहलाने लगीं। दुहितृ का पुत्र, इसी से 'दौहित्र' कहलाने लगा। हिन्दी में यही शब्द फिर दोहिता हो गया और राजस्थानी में 'ह' ध्वनि यकारान्त होकर शब्द रूप 'दोयता' बना है।

'दुहितृ' शब्द में 'अ' प्रत्यय जुड़ने से 'दौहित्रः' रूप बना, जिसका अर्थ है- पुत्री का पुत्र। इसी का जहां स्त्रीलिंग रूप दौहित्री है, जो हिन्दी और राजस्थानी में क्रमशः

दोहिती और दोयती बोला जाता है। यही नहीं, संस्कृत में तो दौहित्र के पुत्र के लिए भी 'दौहित्रायणः' शब्द है, जो राजस्थानी में 'पड़दोयतो' से निरूपित होता है। 'पड़' उपसर्ग भी पट्ट का घिसा हुआ रूप है, जो दौहिते का उत्तराधिकारी-वाचक पद है। पौत्र से 'प्रपौत्र' का 'प्र' उपसर्ग परवर्ती पीढ़ी का द्योतक है वहीं राजस्थानी में यह 'पड़पोतो' हो जाने के बाद भी 'पड़' प्र का तद्भव न होकर 'पट्ट' का तद्भव रूप ही समझना चाहिए।

'मनुस्मृति' में दोहिते को बड़ा महत्त्व दिया गया है। उसे किसी भी घर में श्राद्ध-भोजन का खास अधिकारी माना गया है। जैसे-

मातामहं मातुलं च स्वस्रीयं श्वसुरं गुरुम्।
दौहित्रं विट्पतिं बन्धुमृत्वियाज्यौ च भोजयेत्॥

(मनुस्मृति, 3-148)

अर्थात्, श्राद्ध का हव्य-कव्य (भोजन) जिमाने में नाना, मामा, भानजा, ससुर, गुरु, दौहित्र, जमाई, बन्धु, ऋत्विक् और यज्ञकर्ता को प्राथमिकता देवें।

वैसे भी हिन्दु-परंपरा में पुत्र के न होने पर दौहित्र को उत्तराधिकारी बनाने का विधान है। राजस्थान में भी नाना के पुत्रहीन दिवंगत हो जाने पर दोयते को पगड़ी बँधाई जा सकती है। प्राचीन काल में दिल्ली के राजा अनंग पाल के पुत्र न होने पर, दौहित्र पृथ्वीराज को राज्य का उत्तराधिकारी बनाया गया था। मनुस्मृति तो दौहित्र को बहुत ही महत्त्व देती है-

यथैवात्मा तथा पुत्रः पुत्रेण दुहिता समा।
तस्यामात्मनि तिष्ठन्त्यां कथमन्यो धनं हरेत्॥

(9-130)

जैसे पुत्र आत्मा के तुल्य है वैसे ही कन्या भी पुत्र के समान है। अतः पुत्री के होते कोई दूसरा धन का भागी कैसे हो सकता है?

काश! आज का कन्याभ्रूण हत्या वाला बदनाम हिन्दु-समाज, जिसका 'मनुस्मृति' आदर्श आचार-ग्रन्थ है- इससे कुछ शिक्षा ले पाता।

इतना ही नहीं, मनुस्मृति के अध्याय 9 में श्लोक संख्या 130 से 140 तक तो दुहिता और दोहिते की ही भरपूर महिमा गायी गई हैं।

महर्षि मनु आगे लिखते हैं कि माता को अपने विवाह में जो भी धन मिला है, वह बेटी को तथा पुत्रहीन नाना का समस्त धन दोहिते को मिलना चाहिए। पौत्र और दौहित्र में कुछ भी फर्क नहीं है, क्यूंकि एक ही देह से इन दोनों के माता-पिता उत्पन्न हुए हैं। दौहित्र भी पौत्र की भाँति नाना को परलोक में तार देता है।

दोहिता के अर्थ में एक दूसरा शब्द 'धेवत' या 'धेवता' भी है, जो या तो 'दोहित' का ही ध्वनि-परिवर्तन है, या राजस्थानी में बेटी के लिए 'धी' शब्द से व्युत्पन्न हो सकता है। संभव है, यह 'धी' भी 'दुहितृ' का तद्भव रूप हो। भाषा की माया बड़ी रहस्यमयी और विचित्र है, जाने कब, कैसे और क्या-क्या रूप, शब्द ले लेते हैं। क्यूंकि भाषा में ध्वनि-नियम नहीं हो सकते, ध्वनि-प्रवृत्तियां ज़रूर हो सकती हैं। कोई सोच सकता है कि 'उपाध्याय' जैसा भारी-भरकम शब्द 'झा' मात्र बनकर रह जाएगा?

अस्तु! संस्कृत का 'दौहित्र' शब्द प्राकृत और अपभ्रंश में आकर 'दोहित्त' और स्त्रीलिंग 'दोहित्ती' हो गया। देसी भाषा में दोहिता व दोहिती को नाती और नातिन भी इसलिए कहा जाता है कि उनका नाना और नानी से सीधे रक्त का नाता है। 'नाता' ही 'नाती' और 'नातिन' शब्द का मूल आधार है।

सारांश यह है कि पुत्री को पुत्र के बराबर एवं दोहिता और दोहिती को पौत्र और पौत्री के बराबर समझना और बरतना चाहिए। दोनों में एक ही खून का रिश्ता है।

धणीं

राजस्थानी में इसके दो ही अर्थ प्रधान हैं- पहला 'मालिक' और दूसरा अर्थ है 'पति'। देखा जाये तो, यहां के सामन्ती प्रवृत्ति के अवशेष रूप में दोनों अर्थ एक ही तात्पर्य रखते हैं।

इसके मूल में है 'धन' जो संस्कृत की 'धन्' धातु में 'अच्' प्रत्यय के योग से बना संज्ञा शब्द है। धन के आगे-पीछे उपसर्ग-प्रत्ययादि जोड़कर सैंकड़ों शब्द बन चुके हैं। इसका मूल व प्रधान अर्थ तो चल-अचल संपत्ति है- जिसका अनेकविध विस्तार हुआ है। इसकी अर्थ-स्फीति विस्मयजनक है।

अस्तु! अपभ्रंश-साहित्य में धण, धणि, धणी का व्यवहार प्रभूत मात्रा में हुआ है। अनेक शब्दरूप निर्मित हुए हैं- धणा, धण, धणीं, धणिय, धण्ण।

चूंकि मनुष्य के सांसारिक जीवन का प्रधान केन्द्र धन या अर्थ है, अतः रूढ़िग्रस्त सामन्ती समाज ने स्त्री को भी अपना धन मान लिया और वह उसका धनी या धणी बन बैठा। आज भी परंपरागत मानसिकता वाले मानव समाजों में स्त्री को धनसंपत्ति मानकर व्यवहार बरता जाता है।

राजस्थानी में 'धणी' पति या मालिक का सूचक है, तो 'धण' पत्नी या गृहिणी का सूचक है। गांवों में चले जाइए। हिन्दी न जानने वाले स्त्री-पुरुष इन्हीं दो शब्दों का इस्तेमाल करते मिलेंगे।

पता नहीं, कैसे 'धणी' के अर्थ में एक गालीनुमा शब्द भी ग्रामीण इलाकों में औरतें एक दूसरे पर फेंकती हैं- 'माटी'। यह 'माटी' नितान्त देशज शब्द है, जिसकी व्युत्पत्ति किसी भाषा से नहीं हुई। जब औरतें झगड़ती हैं तो-

(क) थारो धणीं यो कंई कीदो।

(ख) थारो माटी यो कीदो।

इन दो वाक्यों में पहला वाक्य इतना उत्तेजक या आपत्तिजनक नहीं है, पर दूसरा वाक्य तो आग में घी डालने वाला है।

इस प्रकार, धन से प्रारंभ होकर राजस्थानी के धण और धणी तक की यह शब्द-यात्रा मनुष्य के मनोभावों के उतार-चढ़ाव की यात्रा ही मानी जाएगी।

धींगो

हमारा विश्वास है कि धींगो शब्द संस्कृत के 'दृढांगः' का तद्भव रूप है और यह कोई देशज शब्द नहीं है। द्रढ़िमन् शब्द भी संस्कृत शब्द कोशों में उपलब्ध है- जिसका अर्थ कसाव, मज़बूत, दृढ़ता है।

मूल शब्द 'दृढ़' है जो 'दृह्' धातु में 'क्त' प्रत्यय जुड़ने से निष्पन्न होता है- इसके अनेक सादृश्यपरक अर्थ हैं- स्थिर, दृढ़, मज़बूत, अचल, अथक, ठोस, पिण्डाकार, संपुष्ट, स्थापित, धैर्यवान, बड़ा, कठोर, शक्तिशाली आदि। इसमें 'अंग' शब्द के योग से अर्थ बनेगा- मोटा, मज़बूत अंगों वाला, हष्टपुष्ट। ये सारे अर्थ 'धींगो' शब्द में अन्तर्निहित हैं। ओकारान्त होना, राजस्थानी और बंगला भाषा की प्रकृति है।

तुलसीदास जी ने भी 'रामचरितमानस' में, धर्म के नाम पर पाखंडी लोगों के लिए इस शब्द का निन्दापरक प्रयोग किया है-

धींग धरमधज धुंधक धोरी।

'धींगो' का भावार्थ और व्यंग्यार्थ अलग-अलग हैं। बड़े-मोटे और निकम्मे आदमी को 'धींगो' कहना उसकी प्रवृत्ति और गाली दोनों ही हैं। कपूत बेटा, खाता खूब हो, निठल्ला बैठा रहता हो, मोटा-तगड़ा और मुष्टण्ड हो तो उसे माँ 'धींगो' कहकर भर्त्सना करती है-

"मोटो आखो धींगो। काम करै नीं बत्तौ।"

हालांकि, 'डींगो' शब्द भी इससे मिलता-जुलता है- पर उसका अर्थ लकड़ी का मोटा कुतंगा या धोवणा है, जिससे सूखे मक्यों (भुट्टों) को ठोक-पीटकर मक्का का दाना अलग किया जाता है।

धींग-पना सूचक अनेक शब्द राजस्थानी में खूब लोक-प्रचलित हैं- धींगबाज़, धींगामुश्ती, धींग मोल्यो (बड़ा बन्दर, जिसे नर्ड मोल्यो भी कहा जाता है), धींगा गणगौर इत्यादि।

कोई बड़ी भारी कार्य योजना क्रियान्वित करता है तो उसे 'धींगबाज़' कहा जाता है। धामा मस्ती, धमाचौकड़ी के लिए धींगामुश्ती शब्द प्रयोज्य है। गणगौर, राजस्थान का एक खास त्यौहार है। बड़ी भारी गणगौर प्रतिमा, बड़े जुलूस के साथ धूमधाम से निकलने वाली 'धींगा गणगौर' कही जाती है। महाजनों का एक गोत्र भी 'धींगा' कहा जाता है। चित्तौड़गढ़ में 'धींगों का मंदिर' विद्यमान है।

आश्चर्य है कि प्राकृत और अपभ्रंश में धींग या धींगो शब्द कहीं नहीं पाया जाता। न साहित्य में और न कोश में।

धेड़

"म्हांका आडीनूं तो वां का घर का हाराई जणां धेड़ में पड़ो।"- यह मेवाड़ी का एक वाक्य है। इसमें 'धेड़' शब्द का अभिप्राय ऐसे बड़े गड्ढे से है जिसमें पानी कम हो, खूब कीचड़ हो, मल-मूत्र तथा कूड़े-कचरे से भरा हो। निहायत गन्दा बदबूदार गड्ढा 'धेड़' कहलाता है, यानी घूरा।

पर, जहां से इस शब्द की व्युत्पत्ति हुई है, वहां स्थिति इससे उलट है। 'धेड़' का जन्म संस्कृत के दो भिन्न ध्वनियों वाले एकार्थक शब्दों से हुआ लगता है। एक शब्द है 'द्रह' और दूसरा शब्द है 'ह्रद'। दोनों का ही तात्पर्य सरोवर या गहरी झील से है, जिनमें स्वच्छ जल भरा हुआ हो। 'द्रह' शब्द 'पृषादरोदित्वात् साधुः' व्याकरणिक नियम से बना हुआ ठीक 'ह्रद' का उलटा शब्द है। जबकि 'ह्रदः' शब्द आश्चर्यजनक रूप से 'ह्लाद्' धातु में 'अच्' प्रत्यय लगने से निष्पन्न होता है। 'ह्लाद' प्रसन्नता और हर्ष-सूचक धातु है- जिससे सरोवर-झील का क्या संबन्ध है भला? संबन्ध है! जलराशि को देखकर, उसमें अवगाहन-मज्जन करके प्रसन्नता ही होती है। कहावत है, नहाकर आज दिन तक कोई नहीं पछताया। नहाने से खुशी और सुकून मिलता है। इसलिए 'ह्लाद' से 'ह्रद' शब्द- सरोवर या झील बना।

अर्थ के दूसरे चरण में 'ह्रद' का अर्थ है- गहरा छिद्र, विवर या गड्ढा-खड्डा। इस दूसरे अर्थ से 'ह्रद' का जुड़ाव 'धेड़' से होता लगता है। जब मूल रूप में 'ह्रद' का उल्टा 'द्रह' उसी अर्थ में संभव है- तो फिर, इससे या उससे 'धेहड़ा' या 'देहड़' तद्भव शब्द रूप क्यों नहीं बन सकता? जैसा कि सब जानते हैं- 'ड़' (ड़ा, ड़ी, ड़े, ड़ो) प्रत्यय राजस्थानी का बहुप्रचलित प्रत्यय है जो आमतौर पर अनेक शब्दों में जुड़ ही जाता है- बालू+ड़ो= बालूड़ो, कानू+ड़ो= कानूड़ो; इसी तरह 'द्रह' से परवर्त्ती रूप वाले प्राकृत के 'दह' शब्द में 'ड़' प्रत्यय लगकर 'दहड़' और कालान्तर में यही 'देहड़ → धेहड़ → धेड़' रूप बन गया।

यहां यह प्रश्न अनुत्तरित रह जाता है कि स्वच्छ जल वाले सरोवर या झील की

परिणति धेड़ के गन्दगी-कीचड़ वाले गड्ढे में क्यों और कैसे हो गई? इसका एक कारण 'ह्रद' के दूसरे अर्थ- छिद्र, विवर या गड्ढे से संबद्ध है। क्यूंकि जहां भी कोई गहरा गड्ढा खाली या कीचड़ भरा होगा तो आसपास वाले उसमें ज़रूर और आदतन कूड़ा-कचरा, गन्दगी, मलमूत्र आदि डालेंगे ही डालेंगे। लोगों की यह आदत शहरी बस्ती के किसी भी खाली पड़े 'प्लॉट' की हालत से पहचानी जा सकती है। खाली 'प्लॉट' देखते ही लोग उसमें कचरा-गन्दगी डालने लगते हैं। तो, इन सब मनोवृत्तियों ने मिलकर- 'दह', 'ह्रद' और 'द्रह' को- गन्दगी भरे 'धेड़' में बदलकर रख दिया। क्यूंकि, शब्दों के अर्थ- मनुष्यों के परिवर्तनशील मनोभाव, बाह्य परिस्थितियों, आवश्यकताओं आदि के कारण बदलते ही रहते हैं। यह एक भाषा वैज्ञानिक सत्य है। अस्तु!

'दह' शब्द ज्यों-का-त्यों राजस्थानी में आज भी किसी नदी के रुके हुए गहरे पानी, झील या तालाब, नाले आदि के लिए काम में आता है। जैसे बनास नदी में त्रिवेणी के पास बड़ा 'दह' है- उसमें नहाने या तैरने मत जाना! 'दह' भी शनैः-शनैः मेवाड़ी में अब देह, धेह या धे के संक्षिप्त रूप में बोला जाता है।

लेकिन इनसे हटकर, इन्हीं से उत्पन्न 'धेड़' शब्द और उसका अर्थ निहायत अफसोसजनक होते हुए भी एक वास्तविकता है।

धोक/ढोक

दक्षिण राजस्थान, विशेषकर मेवाड़ में 'धोक' (देना) प्रणाम करने को कहा जाता है, वहीं मेरवाड़ा और राजस्थान के अन्य अंचलों में इसका उच्चारण 'ढोक' किया जाता है। 'ढोक द्यूं सा।' मेवाड़ी में 'धोक' और 'धोग' दोनों रूप प्रचलित हैं।

इस शब्द की जड़ें संस्कृत के 'ढौक्' या ढौकृ गतौ धातु से निकली हैं, जहां इसके क्रियापद बनते हैं- ढौकते, ढौकित- अर्थ है कहीं पहुंचना या जाना। उदाहरण देखिये-

यान्तं वने रात्रिचरी डुढौके

(भट्टिकाव्य 2/23)

इसी क्रिया का प्रेरणार्थक पद 'ढौकयति' बनता है- निकट लाना या पहुंचाना। शेखावाटी और आस-पास के इलाकों में लोग बोलते हैं-

'म्हूं ओ काम करबा ढूकौ, ने कोई मिलबा सारूं आयो।'

इसी क्रिया पद का संज्ञा रूप बनता है- 'ढौकनम्' यानी भेंट, उपहार या रिश्वत। हमेशा भेंट-उपहार कोई भी आदमी विनम्रता से झुक कर ही पेश करता है। अत: 'ढौकनम्' के 'ढौक' का मुख्यार्थ बाधित होकर लाक्षणिक अर्थ हो गया- झुककर सम्मान करना, प्रणाम करना, या 'ढौक' देना।

यही 'ढौक' मेवाड़ी में धोक/धोग में रूपान्तरित हो गया- प्रणाम के अर्थ में। उदाहरण-

"मंदिर में आरती सरू व्हेगी धोक दियाओ।"

इसके, अन्य ग्रामीण रूप हैं- "देवरा धोकना, सगसजी, भैरूंजी के धोकबा जाणो" इत्यादि।

वैसे भी, मेवाड़ी में 'ढूका' होना, आगे-नीचे की तरफ झुकने के अर्थ में ही आता है। जैसे-

'बान्दरो ढूको व्हैर पाणी पीर्यो है।'

संस्कृत का 'ढौक' प्राकृत में आकर 'ढुक्क' हो गया- जिसके तीन अर्थ हैं- भेंट करना, घुसना और कहना। प्राकृत में कहीं 'ढुक्क' की जगह 'ढोअ' रूप भी देखा जाता है।

अपभ्रंश में भी इसका रूप 'ढुक्क' ही बना रहा। इसके अन्य रूप भी बने- ढुक्कंतउ (भिड़ गए)। पहुंचने के अर्थ में अपभ्रंश की एक पंक्ति उदाहरणार्थ-

'किर सहुँ साहियाहि ढुक्कइ सरवरु।'

(पउम चरिउ 5, 4 और 8)

अर्थात् वह सहेलियों के साथ सरोवर पहुंचती है। इनके अलावा अपभ्रंश में और भी अनेक क्रियापद इसी से बनते हैं- ढुक्कमाण, ढुक्कंत, ढुक्कय, ढुका, ढुक्कु, ढूकउ, ढूक्यो आदि। एक और शब्द है- ढुक्का ढुक्कि, जिसका अर्थ है निकट से लड़ना। निकट से लड़ने में मुष्टिका-प्रहार सबसे अधिक किया जाएगा- यह तय है। अतः इस ढुक्का-ढुक्कि में से आधा शब्द ढुक्का निकलकर 'ढ' की जगह 'ड' ध्वनि से 'डुक्का' हो गया जो 'मुक्का' यानी 'बोक्सिंग' का समानार्थक है।

पुराने समय में, गुरुजी सजा के तौर पर छात्र की पीठ पर डुक्का मारते थे और छोरे-छोरियां भी लड़ाई में एक-दूसरे की पीठ पर 'डुक्का' मेलते हैं। इस डुक्के का आगे चलकर 'पेमली डुक्को' में भी वैशिष्ट्य बना- जिसमें अंगूठे को अंगुलियों के बीच से आगे निकालकर किसी की पीठ मारा जाता है। अस्तु!

शुरू हुआ था- 'ढोक' शब्द भेंट-उपहार के रूप में, फिर प्रणामार्थक, गत्यर्थक और अंत में पीठ पर मुक्के में जाकर परिणत हुआ। यह किसी शब्द की विचित्र और अनोखी यात्रा है जो मानव-समाज की परिस्थिति, भावना, गतिविधि, और उच्चारण सौकर्य और साम्य से निरंतर प्रभावित होती हुई- ध्वनि, अर्थ का उत्कर्ष या अपकर्ष करती हुई चलती रहती है। शब्द की इस अद्भुत यात्रा में व्याकरण और भाषा-वैज्ञानिक अपना सिर पकड़कर अधोमुख हुए चिन्तन और विचार करते रहते हैं।

❍

नुगरो

यह बड़ा गंभीर और जटिल रचना वाला शब्द है। इसका प्राथमिक अर्थ है गुरु से रहित- निगुरुः → निगुरा → निगौड़ा → नुगरा। 'नि' उपसर्ग निषेधार्थक है, जो 'नु' में बदल गया।

'नुगरा' उसे कहा जाता है जो कृतघ्न हो, कुछ भी काम न करता हो, फटेहाल आवारा घूमता हो, किसी काम का न हो- इन बुरे अर्थों के चलते यह गाली में बदल गया। राजस्थानी में 'नुगरो' गाली है- उपहास है, मसखरी है। हिन्दी में इसका रूप 'निगौड़ा' प्रचलित है और कहीं-कहीं स्त्रीलिंग में 'निगौड़ी' शब्द भी सुनने में आता है।

प्राचीन भारत में गुरुकुल की पढ़ाई ही प्रामाणिक और सम्माननीय थी। अतः जिसका कोई गुरु न हो, उसे तिरस्कार-भाव से देखा जाता था। बेचारा निगुरा! यही नहीं, उसे शास्त्रार्थ में भी भाग लेने का हक नहीं था।

जितना गुरु का भारी महत्त्व भारतीय समाज और संस्कृति में हमेशा से रहा है, उतना ही तिरस्कार भाव गुरुहीन शिष्य के प्रति रहा है। अतः 'निगुरा' या 'नुगरा' कभी भी अच्छा और सम्मान के योग्य नहीं समझा गया।

पंडो

'पंडा' शब्द संस्कृत का है, जिसकी जड़ में 'पंड्' धातु है- दो-तीन अर्थों में। एक तो जाना, हिलना-डुलना संग्रह करना और बुद्धि या समझ। इनमें से अंतिम बुद्धिसूचक अर्थ ही जगत् व्याप्त है। संकोच से यह बताना पड़ रहा है कि कोश में 'पंड:' का एक विरल अर्थ हिजड़ा या नपुंसक भी है। पर, इस अर्थ को बुद्धिमान या विद्वान् के साथ जोड़कर देखना ठीक नहीं होगा।

जिस व्यक्ति में पंडा यानी बुद्धि हो वह पंडित, पांडेय, पंड्या, पंडाजी कहलाता है। अब तो जनेऊ धारी मजदूर भी दिख जाये तो उसे आम आदमी 'पंडितजी' कह बैठता है।

तीर्थ स्थानों- बनारस, प्रयाग, पुष्कर, हरिद्वार आदि के पंडों से सारे भारत की जनता परेशान होकर लौटती है। यह पंडा शब्द के अर्थापकर्ष की परिणति है। तीर्थ और मंदिर के साथ 'पंडाजी' अभिन्न रूप से जुड़े हैं।

सन्त कबीर ने तो 'पांडेजी' को संबोधित करके संपूर्ण हिन्दु जाति को वो खरी-खरी सुनाई है कि उनके साहस पर आश्चर्य होता है। जैसे-

(क) पांडे, कौन कुमति तोहि लागी।

(ख) पांडे, बाद बदन्ता झूठा।

'पंडा' के अनेक शब्दरूप लोकमानस ने बना लिए हैं- पंडित, पंडिताई, पंडिताइन, पंडाइन, पंडिताऊ आदि।

इसके प्राकृत में पंडिअ, पंडिद और पांडिय तीन रूप मिलते हैं और अपभ्रंश में केवल 'पंडिअ'।

अफसोस! इसी बात का है कि कहां तो वेदशास्त्र के तत्त्वज्ञानी 'पंडित' प्रवर और कहां मैली जनेऊ पहने दाल-बाटी बनाने वाला ब्राह्मण 'पंडित'। शब्द की क्या से क्या दशा हो जाती है। दुर्गति मनुष्यों की ही नहीं, इस तरह शब्दों की भी होती है।

शब्दों का अर्थ–पतन ही होता हो ऐसा भी नहीं है। कहीं–कहीं इनका अर्थ पतन से उत्थान की ओर भी चढ़ता है। जैसे 'साहस' का संस्कृत में प्राचीनकाल में अर्थ था– डकैती, बलात्कार, अत्याचार। बाद में यही शब्द जब हिन्दी में आया तो इसका अर्थ बड़ा सात्त्विक और नैतिक हो गया। "देश के साहसी सपूत सुभाषचन्द्र बोस" इत्यादि।

यह समाज के सोच–विचार और शब्दधारित व्यक्ति और वस्तु के चारित्रिक परिवर्तन पर भी निर्भर करता है कि उसका अर्थ कालान्तर में बुरा हो जाएगा या अच्छा हो जाएगा।

पधारो

यह राजस्थान में 'स्वागतम्' का पर्याय है- पधारो। इसमें 'सा' और लग जाता है। यह 'सा' भी 'साहब' का संक्षिप्त रूप है। राजस्थान में आदरार्थक 'सा' प्रत्यय सर्वत्र कहा सुना जाता है।

सवाल यह है कि 'पधारो' कैसे बना? कहां से आया? इसकी रचना में दो शब्द सामने आते हैं- बल्कि कहना चाहिए तीन शब्द हैं- पग, पद और पाद। तीनों ही पाँव या चरण के पर्याय हैं। इसमें 'धारो' (संस्कृत में धारय) क्रिया जुड़ जाती है और तीन संभावित शब्द रूप बनते हैं- पगधारो/पधारो/पादधारो। इनमें किस शब्दयुग्म से 'पधारो' बना, यह देखना चाहिए। ज़्यादा संभावना 'पद-धारो' से 'पधारो' बनने की है। कारण यह है कि 'द' और 'ध' साथ बोलने में 'द' के ध्वनि लोप के आसार अधिक हैं। अतः पदधारो → पधारो में रूपान्तरित हो जाना मुख-सुख के तर्क से संगत बात है।

जहां तक पद, पाद और पग की व्युत्पत्ति का संबन्ध है- प्रथम दो तो संस्कृत के हैं पर 'पग' हिन्दी का है। इसमें 'ग' पद के 'द' का ध्वनि विपर्यय नहीं हो सकता। क्यूंकि प्राकृत-अपभ्रंश में पाद का पाय, पाँव, पाँउ होना तो नियमानुकूल है किन्तु 'पद' का 'पग' होना संभव नहीं जान पड़ता। अतः यह मानना होगा कि 'पग' हिन्दी-राजस्थानी का एक स्वतः स्फूर्त शब्द है- पद या पाद का तद्भव नहीं।

पग-धारो और पद-धारो में क्रमशः 'ग' और 'द' के लोप से पधारो शब्द बनता है यह दुहरी संभावना है, किन्तु वर्ण-ध्वनियों के आगम-लोप की प्रकृति के अनुसार-पद-धारो का 'पधारो' हो जाना ज़्यादा विश्वसनीय है। अस्तु!

अब हम ज़रा पग, पद और पाद का ऐतिहासिक जायज़ा ले लें।

पग हिन्दी और राजस्थानी में यहां तक कि ब्रज, अवधी आदि में भी धड़ल्ले से प्रचलित है और इसके अनेक रूप बनते हैं- पगडंडी, पगरखी, पगबाधा, पगांधोक, पंगालागणी इत्यादि और यह भी कि 'पग' संस्कृत-खानदान का नहीं है।

'पद' शब्द की करीब सौ-डेढ़ सौ अर्थच्छवियां बनती हैं और यह व्यापकतम शब्दों में से एक है। इसका प्राथमिक अर्थ है- जाना या चलना। इसमें उपसर्ग-प्रत्यय लगने से सैंकड़ों शब्द-रूप बनते हैं। यहां हमें व्याकरण के उस सिद्धान्त की बात याद आए बिना नहीं रहती कि-

उपसर्गेण धात्वर्थो बलादन्यत्र नीयते।
प्रहाराहार संहारः विहारः परिहार वत्।।

'पद' से ही प्रतिपादन, संपादन, निष्पादन, उत्पादन, पद्धति, पदाति, पदावलि, पदक, पदवी आदि अनेक शब्दरूप निर्मित होते चलते हैं।

इसी 'पद' के धातुरूप पद् में 'घञ्' प्रत्यय लगने से 'पादः' रूप निष्पन्न होता है जिसका प्रधान और सामान्य अर्थ- पैर या पांव है। अतिशय आदर व्यक्त करने के लिए पादः का बहुवचनान्तरूप संस्कृत साहित्य में खूब चला है- भवगत्पादाः, गुरुपादाः, आचार्यपादाः आदि। इस पाद का एक अर्थ सवा लाख हुआ। किसी पद्य या सूत्र के अंश को भी पाद कहते हैं- गीत का चतुर्थ- पाद यानी चौथा चरण।

यह तो हुई संस्कृत की बात। अब हम प्राकृत और अपभ्रंश में इसकी छानबीन करें तो प्राकृत में इसके उभयरूप मिलते हैं- पाद और पाय। दोनों ही शब्दरूपों का प्राकृत में प्रचुर व्यवहार हुआ है, पर प्राकृत के स्वभावानुसार 'पाय' ज़्यादा अनुकूल है। 'पाय' के 13 भिन्न अर्थ कोश में दर्ज हैं- पैर, गमन, काव्य का चौथा चरण, किरण, छः अंगुल नाप, रसोई, रथचक्र, पतन, पात्र और पूज्य व्यक्ति। पाद-युक्त शब्द रूपों में पादधावण, पादधोवण, पावोदअ, पाधार (पधारना) उल्लेख्य हैं।

अपभ्रंश में पगि-पगि (पदे-पदे या कदम-कदम पर) शब्द युग्म है-

"पगि पगि राख करउ तुम्ह देवी"

(प्राचीन गुर्जर काव्य संग्रह 6/3)

यही पग या पगि- पगल्या रूप में ढल जाता है जो राजस्थानी और गुजराती दोनों में ग्रामीण अंचलों में व्यवहृत है। देवता का पगल्या, चांदी का पगल्या, कंकू का पगल्या।

इसके अलावा पाद का तद्भव रूप 'पाय' अपभ्रंश में सर्वाधिक प्रचलित रहा है।

इसी से पायक (पाँवों तले सेवा करने वाला), पांय लागूं (प्रणाम करता हूं), पायचारि (पैदल सिपाही) आदि शब्द बने।

इस तरह, 'पधारो' की रचना में पग-धारो, पाद-धारो या पाय-धारो की भूमिका नगण्य है और यह 'पद-धारो' का ही घिसा हुआ तद्‌भव रूप है। इसमें 'धारो' क्रिया सर्वज्ञात है- चरण-न्यास या पांव- रखने की सूचक है।

❍

पीळो

यह राजस्थान की महिला-संस्कृति का सर्वप्रिय और गहरी व्यंजना वाला शब्द है। यहां प्राचीनकाल से बड़ी-बूढ़ी औरतें सुहागिन बहू-बेटियों को आशीर्वाद में कहती हैं-

पीळो पैरजो, मीठो जीमजो
दूधां न्हाजो पूतां फळजो
सूरज तपै ज्यूं तपज्यो।

यह आशीर्वाद राजस्थानी संस्कृति की एक झलक देने में पर्याप्त है।

यूं तो 'पीळो' शब्द मात्र एक रंग या वर्ण का वाचक है, जो संस्कृत के 'पीत' शब्द का वाहक है। 'पीत' शब्द 'पा' धातु में 'क्त' प्रत्यय जुड़ने से बना है- जिसका एक अर्थ 'पीया हुआ' है तो दूसरा अर्थ 'पीला रंग' भी है। पीताभ या पीतांबरधारी कृष्ण में पीलापन मौजूद है। संस्कृत में 'स्वर्ण' के लिए भी वर्णसाम्य से 'पीत' शब्द मान्य है।

प्राकृत में आते-आते 'पीत' का 'पीअ' हो जाता है, जिसमें पीला रंग और प्रेमतत्त्व दोनों शामिल हैं। अपभ्रंश में थोड़ा अलग है। इसमें शब्द रूप 'पीअ' है, 'पीय' भी है और पीतवर्ण सूचक 'पीयल' भी है। उदाहरण-

'पहिरवि पीयल वत्थ।'

(पीले वस्त्र पहने हुए) प्राचीन गुर्जर काव्य संग्रह (40-5)

संभवतः अपभ्रंश का यह 'पीयल' ही धीरे-धीरे राजस्थानी-मेवाड़ी में 'पीयलउ' रूप लेते हुए 'पीळो' बना होगा। गुजराती में ऊकार बहुला होने से 'पीळूं' शब्द पीले वस्त्र का वाचक हो गया।

प्रसंगवश विशेष बात यह है कि राजस्थान की सुहागिन स्त्री के लिए पीलावस्त्र या पीळी ओढ़नी हमेशा पतिपक्ष की तरफ से ही होती है और लाल चूनड़ हमेशा

पीहरपक्ष की ओर से बीरा (भाई) के द्वारा लायी व ओढ़ाई जाती है। चूनड़ पीहर की और पीळा सासरे का- यही रिवाज़ है।

राजस्थान की महिलाओं को पीला और लाल रंग ही क्यों पसन्द है- यह एक अलग शोध का विषय है।

अंत में, ज्ञान और वैराग्य का रंग भी पीला माना गया है, क्यूंकि बृहस्पति (देवगुरु) भी पीत वर्णी माने गए हैं।

❍

बधावो

राजस्थान के मांगलिक शब्दों में बधावो, बधावणो, बधाई, बड़द सर्वाधिक उल्लेखनीय हैं। शादी, विवाह, नांगल, सगाई जैसे किसी भी शुभकार्य में महिलाएं 'बधावा' के गीत गाती हैं।

इसकी उत्पत्ति संस्कृत की 'वृध्' धातु से हुई है, जिसके दो विरोधी अर्थ बताए गए हैं- पहला बढ़ना, विकास, विस्तार और दूसरा अर्थ है- काटना या बाँटना।

यहां बधावा से तात्पर्य घर में समृद्धि और आनन्द-मंगल के बढ़ने से ही है।

वर्धन और वृद्धि दोनों शब्द भिन्न लगते हुए भी एक ही धातु वृध् से बने हैं और इनका अर्थ भी एक ही है- बढ़ना, समृद्धि।

प्राकृत भाषा में बढ़ने और बधाई के अर्थ में इस शब्द के रूप हैं- वद्ध, वद्धमाण, वद्धाव, वद्धावण। इनमें से अंतिम दो, हमारे बधावों और बधावणो के रूपों में ढल गए।

जबकि अपभ्रंश में इसके इतने शब्द-रूप लगभग समानार्थक हैं-

वद्धार, वद्धारिय, वद्धावड, वद्धावण, और वर्द्धावणा।

इस प्रसंग में, यह खास बात है कि संस्कृत के 'वर्धन' से तो बधावो-बधावणा-बधाई शब्द बने, जबकि 'वृद्धि' शब्द से राजस्थानी लोकगीतों में प्रयुक्त 'बड़द' शब्द बना जो कि धनधान्य-भंडार की वृद्धि का सूचक है। गीत की एक पंक्ति है-

अब म्हारी बड़द रूळयावणी।
गढ़ रणत भँवर से आवो बन्यायक,
करे वो अणचीती बरदड़ी।

वर्धन ही हिन्दी में 'बढ़ना' हो गया। जबकि गुजराती में यही बधू, वधारो रूप में परिणत हुए। मेवाड़ी का 'बत्थो' शब्द 'बहुत' का तद्भव प्रतीत होता है- वर्धन से इसका संबन्ध नहीं।

ठेठ वैदिक संहिताओं में भी परमसत्ता से गायों, घी-दूध, सन्तान, धन-धान्य आदि की वृद्धि की कामना अनेक मन्त्रों में की गई है। समृद्धि की मांगलिक कामना मनुष्य की चिरकालीन आदिम वृत्ति रही है।

राजस्थान में बधावा गीत हर शुभकार्य में गाए जाते हैं- गृह-प्रवेश हो, बच्चे का जन्म हो, जनेऊ, सगाई या विवाह का प्रसंग हो।

अतः संस्कृत से मेवाड़ी तक शब्द का विकास इस रूप में हुआ है-

वर्धनम् → वड्ढावण → वड्ढावउ → बढ़ावो → बधावो।

बनो/बनी

यह हिन्दी का स्वनिर्मित देशज शब्द है। संस्कृत या किसी अन्य भाषा के तत्सम से इसकी उत्पत्ति सिद्ध नहीं होती। लेकिन रीतिकालीन हिन्दी काव्य की ब्रजशाखा में इसका प्रचुर व्यवहार हुआ है। ब्रज में इसके रूप बानक या बनक हैं। रीतिकालीन कवि, धनुर्भंग के बाद वरमाला पहनाने आई सीता का वर्णन इन शब्दों में करता है-

"मानक-मनिक सजि, बानक बनक आई
झनक-मनक बेटी जनक नरिन्द की।"

ब्रज और राजस्थानी तो मानों बहनें हैं और गुजराती को तो जुड़वाँ बहन ही समझिए, जो मात्र चार-पांच सौ बरस पहले राजस्थानी से अलग-सी हो गई। हालांकि, पूरी तरह से वह अलग आज भी नहीं है।

ब्रज में 'बानक-बनक' बन-ठन कर, सज-सँवर कर आने के अर्थ में शब्दयुग्म है। शृंगार का पर्याय है- बनना-संवरना। 'बनना-बनाना' क्रियाएं बहुत व्यापक अर्थ वाली हैं। 'मुझे क्यों बना रहे हो यार! मैं सब जानता हूँ'- यहां सामने वाले के झाँसे का प्रतिषेध है। 'मेरे सामने इतना बनो मत, मैं सब समझता हूं' में भी बनना क्रिया, मिथ्या नाटकीय भाव का अर्थ रखती है। बनना, बनाना से भिन्न अर्थ शृंगार करने से है।

किशनगढ़ की प्रसिद्ध चित्रशैली में 'बणी-ठणी' का चित्र बहुत मशहूर है, जिसे राधिका भी कहा जाता है और भारत की मोनालिसा भी।

राजस्थानी में बनो-बनी भी चलता है और बनड़ो-बनड़ी भी। 'ड़'- जन्य प्रत्यय यहां की खासियत है।

(क) 'रूड़ो लागे ये जानकी थारो बनड़ो।'

(ख) मारवाड़ी बनड़ी, मेवाड़ रा बना
हो ज़रा बोलो तो क्या बिगड़ जाय।

बना-बनड़ा/बनी-बनड़ी से राजस्थानी का लोक-गीत संसार भरा पड़ा है। शादी-ब्याह में महीने-पन्द्रह दिन पहले से बना-बनी के गीत गाये जाने लगते हैं। बना-बनी में राम और कृष्ण के साथ सिया और राधिका का नामोल्लेख होता है- जबकि सिया के साथ राम का दाम्पत्य जीवन कुछ सुखमय नहीं रहा तो उधर राधिका का कृष्ण के साथ कभी विवाह ही नहीं हुआ!

आदरसूचक रूप में जीजा अपने साले को और भाभी अपने देवर को 'बना' कहा करती हैं। लेकिन स्त्रीलिंग रूप 'बनीं'- इस तरीके से, इस रूप में नहीं बोला जाता। आज भी राजपूत परिवारों में युवक खुद को 'बना' कहलाने में गर्व का अनुभव करते हैं।

बादीलो

'बादीलो' बड़ा ही दिलचस्प शब्द है। यह फारसी के 'बद' शब्द से लोककंठ द्वारा बनाया गया एक अनोखा शब्द है, जिसके अर्थ हैं- हठीला, ज़िद्दी ढीठ, कठोर, न पिघलने वाला, अभिमानी इत्यादि। इन अर्थों में भी हठी या ज़िद्दी अर्थ प्रधान है। मोटे रूप से बद का मतलब बुरा, अप्रिय और खराब होता है और ज़्यादातर यह उपसर्ग रूप में शब्द के पूर्व लगकर उसके अर्थ में विशेषता लाता है।

देखा जाये तो, 'बद' की दोस्ती अंग्रेज़ी के 'बैड' से लगती है, जहां दोनों के अर्थ समान हैं। और गहरे में जाये तो यह 'बद्' धातु भी संस्कृत की धातु 'पत्' से व्युत्पन्न हो सकती है, जिसका मतलब भी पतन या अधोगति है। 'प' और 'ब' एक ही वर्ग के होने से, फारसी में पकार का बकार होकर 'पत्' से 'बद्' हो गया है और इस फारसी के बद् में 'ईलो' प्रत्यय लगकर राजस्थानी का 'बादीलो' बन गया तो यह एक स्वाभाविक क्रम विकास है।

बद से 'बदी' शब्द भी बनता है जिसका मतलब- शर्त्त, दाँव, अहित या प्रारब्ध में समाहित है। बदाबदी, होड़ाहोड़ का ही दूसरा नाम है। प्रतियोगिता में बदाबदी का ही भाव निहित है।

भिन्न अर्थों में बदी- कृष्णपक्ष और 'बादी' शरीर में वायुविकार जन्य कष्ट का अर्थ रखता है। पर, यहां पर ध्वनिसाम्य के सिवा कुछ नहीं धरा।

'बादीलो' राजस्थानी लोकगीतों में पति या प्रेमी की बेरुखी पर दिया जाने वाला उलाहनापरक विशेषण है- जो पत्नी या प्रेमिका की परवाह नहीं करता हो, रूखा और बेवफा हो। यही भाव इस लोकगीत की कड़ी में देखिए-

म्हारो बादीलो चितारे म्हांने आवै हिचकी।
म्हारो साइनो चितारे म्हांने आवै हिचकी।।

प्राकृत और अपभ्रंश में इस शब्द का कोई अता-पता नहीं लगता।

बापड़ो

राजस्थान में पिता से रहित व्यक्ति को 'बापड़ो' कहा जाता है। बिना बाप का 'बापड़ो' कहलाता है। बाप शब्द प्रधान-पद है। 'ड़ो' राजस्थानी प्रत्यय है- जिसके जुड़ने पर अर्थ तो होना चाहिए था- जिसके पिता मौजूद हों। पर यह अपवाद है कि 'ड़ो' प्रत्यय लगने पर 'युक्त' के बजाय 'वियुक्त' अर्थ यहां मान्य है। ऐसा क्यों कर हुआ, विचारने लायक बात है।

बाप शब्द का मूल संस्कृत का 'वप्तृ' शब्द है जो 'वप्' धातु (बीज बोने के अर्थ में) 'तृच्' प्रत्यय के योग से निष्पन्न होता है। किसान और बाप दोनों ही अपने-अपने 'क्षेत्र' में बीज वपन करते हैं। एक में अन्न होता है, दूसरे मे सन्तान। 'मुद्राराक्षस' में एक पंक्ति है-

न शाले: स्तम्बकारिता वप्तुर्गुणमपेक्षते।

'मनुस्मृति' में तो पत्नी को 'क्षेत्र' और पिता को 'वप:' अनेक बार कहा गया है। इसके अन्य अर्थों में प्रजापति भी है जो सृष्टि का बाप है।

प्राकृत में वप: का 'वप्प' रूप हो जाता है और अपभ्रंश में वप्प और वप्पह दोनों रूप बनते हैं। हां, 'वप्पुड़ा' शब्द अपभ्रंश से ही चला आता है- जो राजस्थानी में 'बापड़ो' हो गया। यह देशी शब्द है- इसकी प्रत्ययात्मक व्युत्पत्ति नहीं है।

प्राकृत पैंगलम् में यह शब्द 'भापड़ो' के रूप में मिलता है। व, प, भ, ब एक ही कुल-वर्ग के अक्षर हैं। अत: इनमें आपसी उलटफेर सहज और सामान्य बात है।

राजस्थानी भाषा में 'बापड़ो' शब्द दो कारणों से बोला जाता है- एक तो जो दया का पात्र हो- गरीब, लाचार, बेचारा हो। दूसरा क्रोध, तिरस्कार एवं व्यंग्य में भी सामने वाले को 'बापड़ो' कहकर मन की धप बुझाई जाती है। उदाहरण के तौर पर प्रस्तुत है-

(क) बापड़ो, माँग खावे तोई भूखां मर्यो है।

(ख) ऊ बापड़ो! म्हारो बाल बांको नीं कर सकै।

तुलसीदास ने 'मानस' में और 'विनय-पत्रिका' में तथा केशवदास ने 'रामचंद्रिका' में अनेक स्थान पर 'बापुरो' शब्द का प्रयोग किया है। ब्रज और अवधी अपनी कोमलवृत्ति के चलते 'ड़ो' प्रत्यय को 'रो' में बदल लेती है।

❍

बालो

इसका मुख्य अर्थ है- प्रिय। इस प्रियत्व के अर्थ में यह रिश्तों की अनेक दिशाओं में प्रयुक्त होने वाली राजस्थानी का सर्वाधिक प्रिय विशेषण है। व्यवहार में इस शब्द के अनेक रूप ये हैं- बालो, बाला, बालू, बालूड़ा, बाल्यो, बाल्या, बालम, बलमा, बालमा, बालमो। ये सब पुल्लिंग हैं। स्त्रीलिंग में- बाली, बालूड़ी। बच्चे के अर्थ में बाल या बालक शब्दों से इसका कोई रिश्ता नहीं। बाल या बालक एक पृथक् कुल के शब्द हैं।

'बालो' शब्द संस्कृत के 'वल्लभ' शब्द का सुदीर्घ कालान्तर से अतितद्भवीकरण है। इसका विकास (विकार नहीं) यों हुआ- वल्लभः → वल्लहः → वल्लहो → वाल्हो → बालो। यह विशेषण है, जिसकी व्युत्पत्ति 'वल्ल्' धातु से हुई जिसका मूल अर्थ था- ढकना, ढका जाना या हिल-मिल जाना यानी घनिष्ठ हो जाना। भवादिगण के आत्मेनपद से इसका 'वल्लसे' रूप निष्पन्न होता है। लेकिन तत्सम 'वल्लभ' शब्द की रचना 'वल्ल्' धातु में 'अभच्' प्रत्यय जुड़ने से हुई- जिसके अर्थ हैं- प्यारा, अभिलषित, प्रिय, सर्वोपरि, प्रेमी, पति, कृपापात्र। प्राचीन काल में इसका अर्थ विभाग-विशेष का अधीक्षक या अध्यवेक्षक, मुख्य गोप एवं शुभलक्षणयुक्त उत्तम घोड़ा भी होता था और 'वल्लभपाल' का अर्थ इसीलिए अश्वपालक या साईस होता था।

वल्ल् धातु का एक और अर्थ चढ़ना और हिलना भी था- जिससे 'वल्लरी' शब्द बना। वल्लरी लता या बेल है जो पेड़ के सहारे चढ़ती है और हवा से हिलती भी है। 'वल्ल' एक प्रकार का धान्य विशेष भी था, जिसका उल्लेख 'तिलोय पण्णत्ति' नामक प्राकृत ग्रन्थ के सर्ग 4 श्लोकांक 507 में भी आया है। 'कर्पूरमंजरी' नाटक में 'वल्लभ' शब्द पति, भर्ता और प्रियतम के अर्थ में प्रयुक्त हुआ है। इसी तरह कृष्णभक्ति के महान् प्रवर्त्तक और विशुद्धाद्वैत के रचयिता तैलंग आचार्य का नाम 'वल्लभाचार्य' इतिहास-प्रसिद्ध है। 'मालविकाग्निमित्र' नाटक में भी 'प्राकृत' वल्लह शब्द प्रिय, स्नेही और प्रियजन के अर्थ में आया है।

जबकि अपभ्रंश-कोश में, वल्लभ का तद्भव गुजराती रूप वाल्हें या व्हाला बताया गया है। 'कीर्तिलता' (2/78) में पंक्ति आती है-

"लोअन केरा वल्लहा लच्छी को विसराम।"

अर्थात् वह नेत्रों के लिए प्रिय था और लक्ष्मी का विश्रामस्थल था। इसके अलावा हेमचन्द्र के अपभ्रंश-व्याकरण में तथा अपभ्रंश के ग्रंथ 'वड्ढमाण चरिउ' तथा 'प्राकृत पैंगलम्' (1-55) में 'प्रियतम' अर्थ में 'वल्लह' शब्द प्रयुक्त हुआ है।

स्त्रीलिंग रूप में 'वल्लभी'- गोपी विशेष, प्रिया, और वीणा के अर्थ में आता रहा है। दशकुमारचरित और भट्टिकाव्य के हवाले से सौराष्ट्र (गुजरात) में 'वलभी' एक प्रसिद्ध नगरी का नाम भी है।

बच्चे के अर्थ में बाल-बालक का मूल शब्द 'बल' है जो अजित वडनेरकर के ग्रन्थ 'शब्दों का सफर' में सुमेरी और हिब्रू भाषा से संस्कृत में आया हुआ शब्द है। लेकिन इससे लेखक अजित का यह मानना कि इस 'बल' से 'बलमा' शब्द (प्रिय) बना-गलत है। बलमा या बालम, बालमा, वल्लभ → वल्लह → वाल्हा → बाला शब्द की शृंखला का ही सिद्ध रूप है। हिब्रू-मूल के अर्थ में 'सर्वोच्च' अर्थ का सूचक नहीं।

अब पारिवारिक सन्दर्भ या भावात्मक प्रकरण में 'बालो' (बाला) के विविध-रूप देखिए- बालो बीरो (प्रिय भाई), बालो बेटो, बालो जंवाई, बाला पावणा। प्यार को और गहरा वज़न देते हुए 'ड़ा' प्रत्यय लगता है- बालूड़ो, बालूड़ा। बंशीलाल 'बेकारी' के गीत की एक पंक्ति है-

"बालूड़ा म्हारा मून्दी पळकां ने पाछी खोल रे!"

गैर-परिवार के प्रियजन को भी 'बाला' विशेषण लगता है- "थैं म्हांने घणां बाला लागो सा।" पति-प्रियतम के अर्थ में अल्लाह जिलाई बाई का मांड राग में गाया गया प्रसिद्ध गीत "केसरिया बालम! आवो नी पधारो म्हारे देस" सबने सुना है। सिनेमा जगत में फिल्मों ने भोजपुरी रंगत की बोली में बलमा, अनाड़ी बालमा विशेषणों से अनेक गाने जन-रंजक बना दिए हैं।

स्त्रीलिंग रूप बाली, बालूड़ी बहुप्रचलित रहे हैं- बाली बैण, बाली भौजाई, यहां तक कि विशेषण को नाम-संज्ञा में बदलकर बाली बाई, बाली देवी भी रख दिया गया। ड़ा, ड़ी, ड़ो- प्रत्यय, प्यार-मोहब्बत के घनत्व को बढ़ाने के लिए लगाए जाते हैं। इनके अलावा, बाला का 'बाल्या' रूप भी इसी भाव से बन जाता है।

नपुंसक लिंग में तथा निर्जीव वस्तुएं जो बहुत काम की अथवा प्रिय लगें, वहां भी बाला-बाली विशेषण लगते हैं- अपणो घर सबां ने बालो लागे। बाली गाय, बाला बळद, बाली बेस (वयस-उम्र)। 'बाली उमरिया' फिल्मी जुमला है, जो प्राय: 'वय: सन्धि' या 'स्वीट सिक्स्टीन' का पर्याय है।

इस तरह, हज़ारों वर्ष पूर्व के 'वल्लभ' शब्द की राजस्थानी-गुजराती भाषा तक यह यात्रा कितनी अद्‌भुत व रोचक है। यह शब्द-प्रवाह नदी के प्रवाह से कम नहीं है, जिसमें नदी के उद्‌भवस्थल से पानी में गिरे तीक्ष्ण-धार व नुकीले कोने वाले शिलाखंड ऋषिकेश तक आते-आते गोल-मटोल लोडी का आकार धारण कर लेते हैं जिनमें उनकी दीर्घयात्रा व मार्ग के घर्षण-संघर्ष की कथा पढ़ी जा सकती है।

बेण्डो

'बेण्डो' शब्द राजस्थानी में मूर्ख का पर्याय है। 'बाणभट्ट की आत्मकथा' उपन्यास में हजारीप्रसाद द्विवेदी लिखते हैं- "पूंछ कटे बैल को बण्ड कहते हैं। इसी का आदर्श संस्कृतीकरण करके मैंने अपना नाम 'बाण' रख लिया था।" 'बण्ड' शब्द तिरस्कारसूचक इसलिए भी रहा कि पूंछ कटा बैल न तो खेती के काम आता था, न गाड़ी में जोता जाता था और न उसे कोई घर या बाड़े में रखकर पालने-पोसने की ज़हमत उठाता था। बण्ड-बैल बस यूं ही गाँव-गली-सड़क पर आवारा घूमता रहता है। उस बेचारे की उपेक्षा, तिरस्कार और निकम्मापन सब मिलकर इंसानी रूप में 'बेण्डा' शब्द में आकर एकत्र हो गए। आंचलिक बोलियों के न्यूनाधिक अंतर से इसी के मिलते-जुलते अन्य शब्दरूप मिलते हैं- बण्ड, बाण्डो, वेण्डो, बेण्ड्या, वेण्ड्या आदि। वागड़ी-भीली बोली में इसका समानार्थक 'गाण्डा' या 'गाण्डो' शब्द हैं, जिसकी व्युत्पत्ति संभवतः किसी भिन्न मूल शब्द से हुई होगी 'बण्ड' से नहीं। क्यूंकि भाषिक नियमों में बकार को गकार होना नहीं पाया जाता।

राजस्थान में गन्ने के ऊपरी पत्तों वाले फीके पतले हिस्से को 'बाण्ड्यो' कहा जाता है- वह भी रसहीन होने, क्षारयुक्त विरस और बेस्वाद होने से 'बण्ड' के बेकार और नाकारा-नाकाम होने का ही मर्म सूचित करता है। 'बाण्ड्यो हांठो।'

नितान्त मूर्ख के लिए आगे एक विशेषण और जोड़ा जाता था, जिसका प्रचलन आज की मेवाड़ी में कम हो गया है- 'हराळ बाण्ड्या' जो पुरानी मेवाड़ी में प्रयुक्त होता था।

'बाण्ड्या' शब्द का स्त्रीलिंग 'बाण्डी' होता है- बाण्डी लुगाई, बाण्डी छोरी। इसका दूसरा रूप 'वेण्डी' भी है। यों, 'वेण्डी' यूरोपीय देशों में किसी सुन्दर लड़की का शानदार नाम माना जाता है। ठीक वैसे ही, जैसे 'लिण्डा' शब्द पुरीष या मानव-मल का हिस्सा है, परन्तु यूरोपीय देशों में यह किसी संभ्रान्त महिला का नाम होना गौरव की बात है। यही हाल, 'डायन' शब्द के ख़तरनाक अर्थ को भुलाकर, विश्व की चर्चित अद्वितीय सुन्दरी 'डायना' के रूप में प्रसिद्ध रहा।

यही नहीं, बाण्डो शब्द मानवेतर सन्दर्भों में भी प्रायः विचलन, अनियंत्रित होने के भावार्थ में प्रयुक्त होता है। जो बरसाती नाला, रास्ता बदल कर किसी भी तरफ बह निकले या अचानक उफान पर आ जाये, उसे 'बाण्डो बाहळो' कहते सुना गया है। यही 'बाण्डी बाहळी' भी हो सकती है।

वैसे, बाण्डा शब्द उच्चारित करने के पीछे ये लक्षण संबोधित व्यक्ति में देखे जाते हैं- शैतान, मूर्ख, बेवकूफ, निरंकुश, आवारा, उच्छृंखल, चंचल, अनुशासनहीन, मवाली, रबड़ैल, लावारिस, फटीचर, पागल इत्यादि।

ब्याई जी

बेटा या बेटी के ससुर को राजस्थानी में 'ब्याई जी' कहा जाता है। इस नाते ससुराल-पक्ष के प्रायः सभी पुरुष 'ब्याई जी' की श्रेणी में माने जाते हैं और कहे जाते हैं। उन्हें अलग से सम्बन्ध विशेष के द्वारा सूचित करना हो तो काका ससुर, मामा ससुर, फूंफी ससुर आदि भी कहा जाता है। परन्तु 'ब्याई जी' एक सामान्य 'टर्म' है। स्त्रीलिंग में, बेटे या बेटी की सास ब्याण जी कहलाती है। तदनुरूप, उस पक्ष की प्रायः सभी औरतें 'ब्याणजी' कहलाएंगी।

ब्याई शब्द 'वैवाही' का तद्भव रूप है। जिनके यहां विवाह-सम्बन्ध हुआ हो, वे 'वैवाही' → बैवाही → बियाही → ब्याई के रूप में ढल गए। 'विवाह' इसका मूल शब्द है जो 'वि' उपसर्ग पूर्वक 'वह्' धातु में 'घञ्' प्रत्यय लगने से निष्पन्न होता है। ब्याई के आगे 'जी' हिन्दी का आदरार्थ लगने वाला शब्द है।

यह आश्चर्य की बात है कि संस्कृत से प्राकृत-अपभ्रंश आदि में प्रायः वकार, बकार में बदल जाता है। जैसे वर्षा → बरखा, व्यासजी → ब्यासजी, वामन → बामन; परन्तु 'वैवाही' का बैवाही, विवाह का बिवाह नहीं हुआ। क्यों नहीं हुआ? पर राजस्थानी में इस प्रवृत्ति को लांघ कर 'विवाह' का 'ब्याव' और वैवाही जी का 'ब्याई जी' रूप हो गया है।

प्राकृत और अपभ्रंश में, विवाह का विवाह-रूप ही रहा। क्यों रहा? पता नहीं। कहीं-कहीं 'विवाहु' रूप भी मिलता है। यथा-

"तो दिण्ण जाइउ विवाहु सिरि संगे णं तुट्ठउ विवाहु"

(णयकुमार चरित, 8-8-4)

अर्थात्, उस दिन फिर णयकुमार का विवाह हुआ मानो लक्ष्मी के साथ गरुड़वाहन विष्णु सन्तुष्ट हुए हों।

हिन्दी में ब्याई जी को समधी इसलिए कहा जाता है कि समान है 'धी' यानी बुद्धि और विचार जिनके, वे समधी होते हैं।

'ब्याई' शब्द के साथ एक नयी समस्या और खड़ी होती है। राजस्थानी में यह द्वयर्थक शब्द है- एक अर्थ तो है 'समधी' या सम्बन्धी और दूसरा अर्थ है बच्चे को जन्म देना अर्थात् प्रसव। प्रसव अर्थ- पशु-विषयक ज़्यादा है- जैसे गाय ब्याई, भैंस ब्याई। किसी औरत के हर साल-दर-साल बच्चा जन्मता हो तो उसे अन्य स्त्रियां मज़ाक में 'बरस ब्यावणी' कहने लगती हैं। सामान्यत: 'ब्याना' शब्द पशु-जाति का है, मनुष्यों में नहीं। 'ब्याना' संभवत: संस्कृत के 'वर्धन' या 'विवर्धन' (बढ़ने के अर्थ में) शब्द से बना है- वंश बढ़ना।

राजस्थान में ब्याई जी-ब्याण जी के साथ मज़ाक, परिहास, विनोदवृत्ति और यहां तक कि अश्लील गीत-गालियाँ, संबोधन और रंग डालने के भी रीति-रिवाज़ हैं, जिनका कोई बुरा नहीं मानते और हंसकर सहन करते हैं। कन्यादान के समय, राजस्थानी औरतें एक करुण रस का लोक गीत गाती हैं कि समधी-समधी आपस में चौपड़ खेलने बैठे हैं। उनमें कौन जीता और कौन हार गया? आगे बताया जाता है कि चतुर वर का पिता समधी जीत गया और कन्या का पिता हार गया है। इस पर कन्या बोलती है कि आप अपनी हवेली, खेत, गले की कंठी दाँव पर लगाकर हार जाते तो अच्छा था, पर मुझे दाँव पर लगाकर क्यों हार गए? कुछ मूल पंक्तियां इस प्रकार हैं-

ब्याई ब्याई चौपड़ रमबा बैठा तो
कुण हार्या कुण जीतिया जी।
हार्या जी हार्या नवल बनी रा दादा सा तो
लापर ब्याई जीतिया जी।
गळा मांयला डोरा क्यूं नीं हार्या म्हारा दादासा
नवल बनी क्यूं हारिया जी।

'ब्याई जी' को सगाजी, ब्याण जी को सगीजी भी कहा जाता है। राजस्थान में 'ब्याई जी' शब्द और उसके पीछे के भाव ही सम्मानसूचक, परिहासमूलक, औपचारिक और नाज़ुक मिजाज़ वाले होते हैं। ब्याई जी, खासकर वरपक्ष के, जब वधु-पक्ष के यहां आते हैं तो उन्हें खूब खिलाना-पिलाना, मान-मनुहार, हंसी-मज़ाक द्वारा प्रसन्न रखा जाता है, खुश किया जाता है ताकि वे उनकी बेटी को किसी तरह का दु:ख नहीं होने दें। पर, आज स्थितियां बदल गई हैं। दहेज, तलाक, लव-मैरिज, कानूनी विवाह आदि ने इन सभी प्रेमरस भरे रिश्तों को छिन्नभिन्न कर दिया है। अब परंपरागत ब्याह और वैसे ब्याई जी वाली रंगत फीकी होती जा रही है।

भंवर

इसका मूल तत्सम रूप है 'भ्रमर'! 'भ्रमर-गीत' इसी नाम से बना, जो हिन्दी-साहित्य में प्रसिद्ध सूरदास, नन्ददास आदि विरचित महान् काव्य है। 'भ्रमर' के संस्कृत में तो कई पर्याय हैं- मधुकर, द्विरेफ, षट्पद, अली आदि। सूर कहते हैं-

'निर्गुन कौन देस को बासी।
मधुकर, हंसि समुझाय सौंह
दे बूझत साँच न हांसी।'

'द्विरेफ' इसलिए कि 'भ्रमर' इस शब्द में 'र' अक्षर दो बार आया है- भ्र में स्थित 'र' और अंतिम वर्ण 'र'। अंबिकादत्त व्यास के उपन्यास 'शिवराजविजयम्' में संसार व शरीर की नश्वरता विषयक श्लोक की पंक्तियां आती हैं-

"इत्थं विचन्तयति कोशगते द्विरेफे।
हा हन्त, हन्त, नलिनीं गज उज्जहार।"

तो इधर कालिदास की अमरकृति 'अभिज्ञान शाकुंतलम्' में भंवरे द्वारा तापसी शकुन्तला के मुंह और बालों पर मंडराते हुए को संबोधित कर, महाराजा दुष्यन्त यों बोल उठे थे-

"वयं तत्त्वान्वेषाः मधुकर हतास्त्वं खलु कृती।"

अर्थात्, हे मधुकर! हम तो सोचने में ही डूबे रह गए। तुम तो भाग्यशाली निकले, जो शकुन्तला का स्पर्श कर कृतकार्य हो गए।

'भ्रमरगीत' भागवतकार की अद्भुत कल्पना है, जिसमें भ्रमर और श्रीकृष्ण की रंग, कर्म, स्वभाव और रस-लंपटता की ऐसी समानता दिखाई गई है कि वर्णन में स्वाभाविकता के साथ मार्मिकता स्वतः उद्भासित हो उठी है।

'भंवरो' राजस्थानी में जीव, प्राण और आत्मा का भी प्रतीक माना गया है। मन के विपरीत कलह, क्लेश, घुटन, घबराहट और विपत्तियों से घिर जाने पर यहां कहा जाता है- "अबै म्हारो भंवरो अमूझर्यो", "म्हारो भुंवरो उथल-पुथल करर्यो" आदि। सत्यनिष्ठा और नैतिक कर्म-आस्था के लिए भी आत्मा या सत्त्व के रूप में 'भंवरों' शब्द प्रयुक्त होता है- "थांरो भुंवरो कहे, जो करो।" प्राणान्त होने पर कहा जाता है- जिसके समानार्थक ध्वनि रखने वाले वाक्य इस प्रकार है:

(क) वां को भुंवरो निकळ ग्यो।

(ख) भुंवरा ने दुख मती दो।

(ग) भुंवरो उड़ जासी।

(घ) हंसा निकल गया काया से।

आश्चर्य होता है कि एक ही 'भंवर' शब्द पारिवारिक संबन्धों में अनेकार्थक भूमिका निभाता है। भँवर सा पति है- "भँवर म्हारा जयपुर जाजो जी, जयपुर सूं लाइजो, तारां री चुनड़ी।", "भँवर म्हारे रखड़ी घड़ाद्यो सा" तो दूसरी तरफ प्रेमी या पर पुरुष जार का प्रतीक भी है- "भँवर बागां में आइजो जी, बागां में फिरूं अकेली, पपैयो बोल्यो जी।" दूसरी ओर 'भंवर' ज्येष्ठ पुत्र और लाडले बेटे का संबोधन है क्यूंकि शास्त्रीय परंपरा से ज्येष्ठ पुत्र, पति और बड़े को नाम से पुकारना वर्जित है। भँवर, बेटे के लिए, 'तँवर' पौत्र के लिए और 'चँवर' प्रपौत्र के लिए राजस्थान की विवाह में छपकर वितरित होने वाली कुंकुमपत्रिकाओं में सर्वत्र देखा जा सकता है।

यहां के लोकगीतों में 'भंवर्या' किसी बड़े घर का परिचारक या सेवक भी है। "पालणियों घड़ाजे रे भंवर्या।" बेटी को ससुराल विदा करते समय गाए जाने वाले 'बधावे' और 'परभाती' में इस भूमिका के अनेक गीतों में 'भंवर्या' शब्द प्रयुक्त हुआ है जो इस प्रकार है-

चंनणियों कटाजे रे भंवर्या।
पालकड़ो घडाजे रे भंवर्या।
जणीं चढ़ जास्यां रे आपणे सासरे जी।
सासरिये रे गैले रे भंवर्या,
होद खुदाजे रे भवंर्या बाग लगाजे रे भंवर्या।
आती तो जाती कुरळा छांटस्यूं।
आती तो जाती फुलड़ा टांकस्यूं।

कई बार लगता है मानों 'भवंर' और 'भंवर्या' राजस्थानी पारिवारिक संस्कृति का केन्द्रीय शब्द है। इतना महत्त्व तो ढोला और बालम शब्दों को भी नहीं मिल पाया है।

राजस्थान में पिछली शताब्दी तक सर्वाधिक लोकप्रिय नामकरण 'भंवरलाल', 'भंवरमल' रहा है। दूसरा स्थान 'मोहनलाल' का हो सकता है। 'भंवर' की लोकप्रियता के वज़न पर लड़कियों का 'भंवरी' नाम भी खूब रखा गया।

भंवरों या भंवरी, लकड़ी के उस लट्टू को भी कहते हैं, जिसे रस्सी लपेटकर धरती पर घुमाया जाता है। नदी और समुद्र में उठने वाले जलावर्त को भी 'भंवर' कहते हैं क्यूंकि उसमें जल तेज़ी से वर्तुलाकार घूमता है और छोटी-मोटी नाव या तैराक के लिए भयंकर प्राणलेवा माना जाता है। कई भजनों और गीतों में इसीलिए "भंवर में नाव है मेरी, उतारो पार तुम इसको" पंक्तियां ईश्वर को संबोधित हैं। भंवर हो और वो भी मझधार में हो तो ईश्वर ही बचा सकता है।

अटूट जल वाले सदानीर कुंए को भी 'भंवर्यो कूड़ो' कहा जाता है। मधुमक्खी की बड़ी अधिक विषैली प्रजाति को भी यहां 'भुंवरमाळ' या 'भुंवरमाता' तक कहा जाता है क्यूंकि उसके दंश के बाद घायल का बच जाना मुश्किल होता है।

संस्कृत में 'भ्रमर' कुम्हार के चाक का भी सूचक है क्यूंकि चाक तीव्रता से भ्रमण करता है। 'भ्रमयति' घूमने, चक्कर खाने या भ्रम (गुमराह) में पड़ जाने का अर्थ देने वाली क्रिया है। 'घूमर' नृत्य और 'भंवरी' या विवाह में सातफेरे लेने को 'भांवरी' कहना इसी कारण से है। बालों की लट और पलकों के सूक्ष्म बालों को 'भुंआरे' कहने के पीछे भी 'भ्रमर' का श्यामवर्ण कारण है। रंग की गहराई बताने के लिए भी 'काळो' से आगे बढ़कर 'काळो भंवर' कहने पर सन्तोष मिलता है। जैसे नाग की कालिमा के लिए 'काळो भंवर नाग' शब्द प्रयुक्त होते हैं।

इस तरह, भंवर या भंवरों राजस्थान की बहुरंगी संस्कृति की अनेक छटाएं दर्शाता है।

भदर

संस्कृत भाषा के 'भद्र' शब्द का राजस्थानी में रूपांतरण 'भदर' शब्द में हुआ है, जबकि प्राकृत में इसका रूप 'भद्द' है और यही अपभ्रंश में भी है। संस्कृत के भद्र का रेफ, प्राकृत-अपभ्रंश में गायब रहता हुआ राजस्थानी में पुनः प्रकट हो गया- भद्र से भदर।

संस्कृत में भद्र शब्द की निर्मात्री धातु 'भन्द्' है, जिसमें 'रक्' प्रत्यय जुड़कर 'न्' और 'क्' का लोप हो जाने पर भद्र शब्द निष्पन्न होता है। यही भन्द् धातु, एक समानार्थक भदन्त या भन्ते शब्द में भी विद्यमान् है। ये दोनों शब्द बौद्ध धर्मानुयायी के लिए प्राचीन भारत में बहुप्रचलित रहे। इन दोनों की व्युत्पत्ति भगवन्त या भगवत् से भी संभाव्य है, पर व्याकरणिक संगति 'भन्द्' धातु से ही बैठती है।

'भद्र' शब्द के संस्कृत में करीब 18-20 विभिन्न अर्थ हैं। भला, सुखद, शुभ, भाग्यवान्, प्रमुख, सर्वोत्तम, सुहावना, प्रिय, सुन्दर, सदय, कृपालु, स्तुत्यः, बाहर से रमणीय किन्तु पाखण्डी, बैल, भैंसा, हाथी, खंजनपक्षी, शिव, बलराम, कदम्बवृक्ष इत्यादि। परन्तु प्रधान अर्थ और मन्तव्य प्रिय-सुखद-सात्त्विक मंगलकारी व्यक्तित्व से ही है और यही अर्थ, साहित्य विशेषकर नाटकों में बार-बार व्यंजित हुआ है। भवभूति के नाटक 'उत्तररामचरितम्' में राम का विशेषणयुक्त नाम दुहराकर लिखा गया है- रामभद्र। 'रामचन्द्र' नहीं। संस्कृत-ग्रन्थों में यह शब्द हमें पग-पग पर मिलता है-

(क) सर्वेभद्राणि पश्यन्तु; पप्रच्छ भद्रं विजितारि भद्र **(रघुवंश 14/31)**

(ख) भद्रं भद्रं वितर भगवन् भूयसे मंगलाय **(मातंगलीला 1/3)** इत्यादि।

मज़ेदार बात यह कि इतने ऊँचे-अच्छे अर्थों के बावजूद भी इसी शब्द से क्रियामूलक एक अन्यार्थ निकलता है- हजामत करना या कराना, भद्रा कृ अथवा भद्राकरणम्, केश मुंडाना, मुण्डन कर्म। प्राचीन भारत में और संन्यासी वर्ग में आज भी बालों को हटाकर रुण्ड-मुण्ड हो जाना सात्विक और अच्छा कार्य माना जाता है। बौद्ध भिक्षुओं, जैन मुनियों और यति-संन्यासियों के लिए केश अपने में एक झंझट भरी चीज़

थी। अतः राछ फिराया और बाल साफ होते ही हो गए- भद्र! केशों के साज-संवार की भारी समस्या समाप्त। अफ्रीका में, कई जनजातियों में स्त्रियों तक में 'भद्र' हो जाने का रिवाज़ है, जो वहां के सौन्दर्य का प्रतीक है।

हां, यह ध्यान योग्य है कि जैन मुनियों-साध्वियों में केश राछ या औज़ार से नहीं हटाए जाते, बल्कि हाथों से नोंचकर साफ किए जाते हैं- जिसे भद्राकरण नहीं कहकर- लुंचनम् या लोचन कहा जाता है। हालांकि हाथ से केश नोंचना एक दर्दभरी प्रक्रिया है, पर यह उनकी कष्ट-सहिष्णुता का प्रमाण और अंग भी है।

वेद में भी 'भद्र' मंगलवाची अर्थ रखता है- भद्रं ते कर्णेभिः शृणुयाम देवाः भद्रं पश्येमाक्षभिर्यजत्राः (रुद्राष्टाध्यायी शुक्ल यजुर्वेद)। यज्ञ-हवन में सर्वतोभद्र मंडल बनाया जाता है। बौद्ध धर्म में तो खास संबोधन ही भन्ते, भद्र का रहा। जैन धर्म में 'भद्रबाहु' जैसे बहुशः प्रयुक्त विशेषण, नाम, संज्ञा आदि मिल जाएंगे।

जहां तक राजस्थानी भाषा और संस्कृति की परंपरा में इसके वास्तविक अर्थ का सवाल है- वह घर में माता-पिता या बड़े परिजन की मृत्यु हो जाने पर नाई द्वारा श्मशान पर किया जाने वाला क्षौरकर्म है- भदर हो जाना! क्यूंकि जो भावना बौद्ध भिक्षु, जैनी, संन्यासीजन की रही है केशों के प्रति- वही धारणा मृत्योपरान्त हजामत कराने की है। उनके लिए यह शृंगार का प्रतीक, सौन्दर्य का अंग और कामोद्दीपक और रख-रखाव की झंझट माना जाने से इन्हें हटाकर साफ कर देने की प्रवृत्ति प्रधान रही- वही बात बड़ों की मृत्यु के बाद क्षौर-कर्म की है। एक तरह से, यह बड़ों की मृत्यु के प्रति छोटों का त्याग है- सुन्दर-विलासितायुक्त नहीं दिखने और रहने का। क्यूंकि उन प्रियजन के वियोग में वह आसन, शय्या, केश, तेल-फुलेल और शृंगार की सभी वस्तुओं का परित्याग कर, अपनी शोक-निमग्नता इस रूप में प्रकट करता है। इसे, बड़े की मृत्यु पर छोटों का 'कान-केश देना' भी कहा जाता है।

तिरुपति बालाजी के मंदिर-प्रांगण में तो हज़ारों स्त्री-पुरुष अपनी किसी मनौती या मनोरथ के चलते, केशों को समूल कटवाकर मुंडित होकर जाते हैं, जिससे मंदिर ट्रस्ट को टनों वज़न के केशों से लाखों रुपयों की आमदनी उन्हें बेचकर हो जाती है।

इस एक शब्द का कितना बड़ा सांस्कृतिक इतिहास है, जिसमें कई गहरे सन्दर्भ- धर्म के, मान्यता के, संस्कार और रीति-रिवाज़ों के जुड़े हुए हैं। इसीलिए अनुवाद-कार्य में यह सांस्कृतिक श्लेष, बड़ी कठिनाई बन कर आता है। उदाहरणार्थ, 'जनेऊ' या यज्ञोपवीत का अनुवाद Holly Threads कहकर, सही अर्थ संप्रेषित नहीं किया जा

सकता। कारण कि जीवनशैली से संस्कृति अभिन्न है और शब्द संस्कृति के वाहक होने से अर्थ में विविध और अद्वितीय होते हैं- जिनका किसी भाषा में अनुवाद तो हो सकता है, किन्तु वास्तविक तात्पर्य संप्रेषित होने से रह जाता है।

भाँजगड़

यह देखने-सुनने में भले ही देशी शब्द लगता हो, पर इसकी व्युत्पत्ति का संबंध प्राकृत-अपभ्रंश से कहीं-न-कहीं अवश्य है। इसकी खोज होनी चाहिए। संस्कृत की तीन धातुओं से इस शब्द की ध्वनियां मेल खाती हैं- भाष्, भण् और भंज्। दो का अर्थ 'बोलने' से है, भंज् का अर्थ 'तोड़ने या व्यवधान' डालने से है। लेकिन इनका 'भाँजगड़' से मात्र बादरायण संबन्ध ही प्रतीत होता है।

राजस्थानी में भाँजगड़ के तीन अर्थ हैं- पहला, शब्दजाल से किसी की वकालत करना, दूसरा निरर्थक बकवास करना और तीसरा अर्थ है, वाचिक क्लेश या कलह अर्थात् मौखिक लड़ाई।

कहते हैं कि सामन्त-काल में बाकायदा 'भाँजगड़िया' का एक पद होता था, जो किसी अभियुक्त के पक्ष में वकालत जैसा रोल अदा करता था। ऐसी वकालत में मिथ्यात्व और थोथेपन की मात्रा जब बढ़ने लगी होगी तो इस शब्द का अर्थ पतित होने लगा और यह 'बकवास' में परिणत हो गया। राजा, ज़मींदार या जागीरदार की कचहरी हो अथवा गाँव या जाति की पंचायत में कोई 'केस' चल रहा हो- वहां आरोपी और आरोपित का पक्ष रखकर कुछ आक्रोश में बोलना भाँजगड़ कहलाती थी।

यह एक देसी शब्द होते हुए भी पुरानी भाषाओं में से निकलकर आया लगता है। इसकी तलाश करनी चाहिए। सफलता ज़रूरी नहीं है।

प्राकृत में सकर्मक क्रियापद है- 'भस' अर्थात् भौंकना। आज भी यहां ज़्यादा बोलने वाले को टोका जाता है- 'भस क्यो र्यो है?' या 'भसवाड़ मत कर, ढब जा।'

दूसरा प्राकृत शब्द है- 'भाजण' अर्थात् फूट डालना, विभाजित करना। कहना न होगा कि भाँजगड़िये इस काम में कुशल होते थे। अतः भसना और फूट डालना- ये दो चीज़ें एक साथ हो गईं।

तीसरा प्राकृत शब्द है 'भाण' जो संस्कृत की 'भण्' धातु का है। लगे हाथ यह

कहना भी आवश्यक है कि 'भण्' धातु 'पठ्' धातु से प्राचीनतर है। ऋग्वेद में आपको 'भण्' धातु के रूप मिल जाएंगे, पर 'पठ्' के नहीं। 'भणति, भणतः भणन्ति' वैदिक संस्कृत के हैं तो 'पठति पठतः पठन्ति' पाणिनीय लौकिक संस्कृत के धातु-रूप हैं। आश्चर्य यह है कि धुर मेवाड़ के गाँवों में 'भण' धातु ज्यों-की-त्यों बोली जाती है- "छोरो इस्कूल में भणबा ग्यो।" तथा "बैठो कांई है रे, भणै कोनीं कंई?" जबकि गांवों में पठ् से बना 'पढ़' रूप उससे कम प्रचलित है।

क्या इस 'भण' का भी 'भाँजगड़' शब्द में कुछ डी.एन.ए. है? इंकार नहीं किया जा सकता। 'भण्ण-भण्ण करना' लगातार बोलने का पर्याय है- जैसे "मैमाख्यां भण्ण-भण्ण कर री है।"

भस, भण और भंज- इन तीनों की रहस्यमय केमिस्ट्री से हमारा यह 'भाँजगड़' शब्द बना हो तो, इसमें शंका हो सकती है पर अविश्वास नहीं। इस रहस्यभरी बुनावट को लक्ष्य करके ही शायद आचार्य हजारीप्रसाद द्विवेदी ने भाषा को पूज्यभाव से "संविद्रूपा महामाया" कहा है।

अब तो 'भाँजगड़' का अध:पतन ही हो गया। इसे नितान्त बकवास और शब्दाडंबर माना जाता है। हां, राजनेताओं के चुनाव लोभी भाषण शुद्ध 'भांजगड़' ही होते हैं- जिनमें कुछ सार्थक कहने के बजाय 'फेंकू' प्रवृत्ति अधिक दिखाई देती है।

भांड/भांडो

इस शब्द की व्युत्पत्ति 'भण्ड्' धातु के भवादिगण आत्मनेपद से है, जिसका क्रियामूलक अर्थ है- भण्डते यानी भर्त्सना करना, झिड़कना, खिल्ली उड़ाना या उपहास करना, व्यंग्य करना, मखौल। साश्चर्य, सौभाग्यशाली बनाना और चकमा देना भी कहीं-कहीं इसका अर्थ है। वैसे धातु-पद भंड् का भी मूल और शुद्ध रूप 'भंट्' है।

इस भंट् → भंड् → क्रिया से संज्ञापद बना- 'भण्ड:।' जिसमें 'भण्ड्' धातु में 'अच्' प्रत्यय का योग है। अर्थ सर्वविदित है- भांड, मसखरा, नकलची, विदूषक। उदाहरणार्थ, माधवाचार्य के महान ग्रंथ 'सर्वदर्शन संग्रह' में उद्धृत चार्वाकों की इस पंक्ति का सटीक है-

त्रयो वेदस्य कर्तार: भंड धूर्त निशाचरा:।

भंड तपस्वी, ढोंगी और पाखंडी संन्यासी के लिए, जबकि भंडहासिनी वेश्या या वारांगना के लिए व्यवहृत हुआ है।

अलग-अलग प्रत्ययों के जुड़ने से भिन्न अर्थ इसके बनते हैं- भण्ड्+कन्= भंडक: अर्थात् एक प्रकार का खंजन पक्षी। भण्ड्+ल्युट्= भंडनम् यानी कवच, संग्राम, उत्पात और दुष्टता। जबकि स्त्रीलिंग पद भंडि: या भंडी का मतलब लहर या तरंग से है। यही नहीं, भण्ड् में 'इलच्' प्रत्यय जुड़ते ही भंडिल शब्द का तात्पर्य सुखदायक, शुभ, संपन्न, खुशकिस्मत, प्रसन्नता, कल्याण, दूत, कारीगर-शिल्पकार आदि अनेक अच्छे-अच्छे अर्थ हो जाते हैं।

ऐसा लगता है कि किसी भी एक शब्द का कोई चिरस्थायी अर्थ नहीं होता। मूल धातु में उपसर्ग-प्रत्यय लगाने से, मानवीय आवश्यकताओं की रोशनी में उसके नये-नये भिन्न और विरोधी रूप में अर्थ हो जाया करते हैं। इसीलिए भाषा विज्ञान में किसी भी शब्द का अर्थ-कारक 'यादृच्छिक' प्रेरणा-तत्त्व को माना जाता है। वक्ता का आंतरिक आशय और मनोभाव या अभिप्राय किसी भी शब्द के सही अर्थ का अंतिम आधार है।

इसमें संशय नहीं क्यूंकि कोशगत अर्थों से वक्ता-प्रयोक्ता हमेशा बन्धे हुए नहीं रहते। शब्द कोई भी हो, उसके भिन्न अर्थ-प्रकाशन में वक्ता की भूमिका हमेशा स्वतंत्र और स्वायत्त रहती है। अस्तु!

प्राकृत-कोशों में इसका वही तत्सम रूप है- भंड और अर्थ भी लगभग वही। हां, भंडण क्रिया बनाकर कलह, झगड़ा, लड़ाई अर्थ सूचित किया गया है।

अपभ्रंश शब्दकोश में तदनुरूप शब्दोच्चार रखते हुए इसके अर्थ भी यथावत् रखे गए हैं।

राजस्थान में बाकायदा 'भाण्ड' एक जाति विशेष रही है जिसका पेशा ही अंड-बंड बकते हुए, नकलें निकालते हुए और लोगों की मिथ्या बड़ाई या बुराई करते हुए मनोरंजन करना है। बहुरूपिया तो विचित्र वेशभूषा से और भाण्ड अपनी जुबान की कलाकारी और अदाकारी से अपनी आजीविका कमाते रहे हैं। कहीं तो रांड और भांड का जोड़ा बताया गया है क्यूंकि दोनों के कर्म मिलते-जुलते हैं। एक चरित्र से आवारा-उच्छृंखल है तो दूसरा अपनी बोली और मज़ाक से। 'भांड' कोई सम्मानसूचक पेशा या पद नहीं रहा। सामन्तकाल में, राजस्थान में इनका खूब बोलबाला और धूम रही।

किसी भी जागीरदार के रावळे में अथवा गाँव के बीच चौपाल में जाकर 'भांड' लोगों का नि:शुल्क मनोरंजन करते रहे हैं। उन्हें कुछ दान-दक्षिणा देना, दर्शकों की इच्छा पर निर्भर था। इसी से भांडों की रोजी-रोटी चलती थी। अब यह पेशा खत्म हो गया है।

भांडना का ही दूसरा क्रियापद राजस्थानी में 'भूंडना' बना। इसका मतलब भी उसकी निन्दा-प्रताड़ना या खिंचाई करना ही है।

'भाण्ड' शब्द का दूसरा प्रधान तात्पर्य संग्रह करने का बरतन या महापात्र है। इसके अनेक पद-रूप बनते हैं- भाण्ड, भंडारी, भंडार, भंडारा; राजस्थानी में भांडो, बड़े मिट्टी के घड़े का नाम है, जिसमें जल या छाछ आदि भरते हैं। बेटे के ससुराल से गावणे का 'भाण्डा' आता है जिसमें खूब सारे लड्डू भरे रहते हैं। 'भांडो' शायद संसार का सबसे प्राचीन और आदिम बरतन है।

भाण्डो भिन्न-कुल से किन्तु अर्थ में बराबरी करने वाला राजस्थानी शब्द है- हाण्डो। हाण्डी छोटी और हाण्डा बड़ा। खाली हाण्डा- मूर्ख के प्रतीक रूप में गाली बन जाता है- "ओ मिनख कोरो हाण्डो ई लागै।" क्यूंकि उसका दिमाग 'हाण्डो' की भांति खाली और शून्य होता है।

राजस्थान में कुम्हार जाति भाण्डे भी घड़ती है और हाण्डे भी घड़ती है।

भाण्ड शब्द इतना अधिक व्यापक हुआ कि पंडितों-दार्शनिकों ने भी इसका भव्य और दिव्य अर्थ किया है। उन्होंने ब्रह्माण्ड के साथ भाण्ड को जोड़ा है और 'ब्रह्माण्ड भाण्ड' शब्द बनाया। यानी ब्रह्माण्ड भी मानों एक विशाल भाण्ड में आबद्ध है। हालांकि, अंतहीन विस्तार करता हुआ ब्रह्माण्ड किसी भाण्ड में सीमित नहीं रह सकता।

भाँव

'भू' धातु भावे (यानी 'होने' के अर्थ में) के साथ 'घञ्' प्रत्यय लगने से 'भाव' शब्द निष्पन्न होता है। यह बहुत ही व्यापक शब्द है। परन्तु इसके खास-खास अर्थ हैं- होना, स्थिति, भावना (इमोशन), अर्थ या आशय, उत्पत्ति आदि। पृथ्वी को 'भू' इसीलिए कहते हैं कि यह 'हुई' और 'है'। 'भाव' शब्द के स्थूलत: 30 अर्थ तो होंगे ही।

काव्यशास्त्र में तो 'भाव' इसके बाद केन्द्रीय महत्त्व रखता है। स्थायी भाव, संचारी भाव, अनुभाव, विभाव के बिना तो इसकी सत्ता ही प्रकट नहीं हो सकती। भरतमुनि के नाट्यशास्त्र का यह सूत्र सभी विद्वान जानते हैं-

तत्र विभावानुभावव्यभिचारिसंयोगाद् रसनिष्पत्तिः॥

जबकि होना, अस्तित्व या वस्तुस्थिति के अर्थ में भगवद्गीता का यह श्लोक भी स्मरणीय है-

नासतोविद्यते भावो नाभावो विद्यते सतः।
उभयोरपि दृष्टोन्तस्त्वनयोस्तत्त्वदर्शिभिः॥

(2-16)

प्राकृत-अपभ्रंश साहित्य में 'भाव' शब्द मूल रूप में यथावत् है। सिर्फ कालिक क्रियापदों में बदलाव आता है- भावइ, भाविज्जई आदि।

राजस्थानी में भावै और भाँव में भी फर्क है। 'भावे' यानी रुचना, अच्छा या उचित लगना है। जैसे बावजी चतरसिंह जी का यह दोहा-

भावै जो भुगताय, दूजा दुख दीजै सबी।
खोळां मूं खसकाय, मत दीजै मातेसरी॥

खाने में रुचि-अरुचि के मामले में भी भावै या भाना शब्द आते हैं। 'म्हने लाडू कोनी भावै, म्हनैं तो कचोरी भावै।' हिन्दी में भी 'मुझे रोटी नहीं भाती, चावल भाते हैं।' चलते हुए वाक्य हैं।

भाव का एक अर्थ किसी ध्यान एवं चिन्तन में गहरे डूबना भी है। बस इसी अर्थ में भाव से राजस्थानी का 'भाँव' शब्द निर्मित हुआ है।

देवी-देवताओं के देवरे पर या घरों में रातीजगों के अवसर पर पहले से तयशुदा 'हजूर्या' अथवा 'घोड़ला' को भाँव आने लगता है। तब वह सामान्य मनुष्य नहीं रह जाता, बल्कि उस देवी-देवता के भाव में डूबकर भावाविष्ट हो दैववाणी बोलने लगता है। इस प्रक्रिया में उसका डील धूजता है, माथा ज़ोर-ज़ोर से हिलता है, उसकी दृष्टि भी अजीब-सी हो जाती है और मौजूदा प्रार्थी-सेवकगण उसकी करबद्ध अभ्यर्थना करने लगते हैं।

राजस्थान के लोक-जीवन में उनके अपने आराध्य देवता हैं- देवनारायण, पाबूजी, तेज़ाजी, गोगाजी, भैरूंजी, माताजी, सगसजी, जुंझारजी, दियाड़ी माता- इन सबका भावावतरण संबद्ध 'हजूर्या' या सेवक में 'भाँव' के रूप में होता है।

'भाव' से कटकर अलग हुआ यह 'भाँव' शब्द केवल देवी-देवता के ध्यान से भावाविष्ट होने के सुनिश्चित अर्थ में ही मानना चाहिए।

रांड

इसका मूल संस्कृत शब्द 'रंडा' है। जो कि 'रम्' धातु में 'डा' अक्षर जुड़ने से बना। इसका पुल्लिंग संस्कृत शब्द 'रंडः' है, जो पुत्रहीन मरने वाले पुरुष और निष्फल वृक्ष के लिए प्रयोग में लाया जाता है।

'रंडा' कुछ बदलाव के बाद हिन्दी और राजस्थानी में रंडी तथा रांड हो गया। इसका मुख्य अर्थ- विधवा स्त्री से है- जो आगे चलकर व्यभिचारिणी और वेश्या के लिए भी बोला जाने लगा। फिर यह बहुप्रचलित गाली और निन्दात्मक विशेषण भी हो गया।

संस्कृत-साहित्य में 'रंडा' अनेकत्र आया है। 'प्रबोधचन्द्रोदय' में द्रष्टव्य-

रंडाः पीनपयोधराः कति मया नोद्गाढमालिंगिताः।

(दृश्य 3)

प्राकृतपैंगलम् में प्राकृत रूप 'रंडा' ही मिलता है और वैधव्य के लिए 'रंडत्तण' (रंडत्व) शब्द आया है। प्राकृत-साहित्य में ही 'रंडी' शब्द भी मिलता है जहां उसका वेश्या, नाचने-गाने वाली और व्यभिचारिणी अर्थ व्यक्त हुआ है।

राजस्थानी में 'रांड' का समानार्थक, व्यभिचारिणी स्त्री के लिए 'जेळू' शब्द गाली के रूप में प्रयुक्त होता है। यह 'जेळू' रांड से ज्यादा घटिया गाली है।

राजस्थान के ग्रामीण इलाकों में स्त्रियां आपसी झगड़े में विधवा को तो 'रांड' कहेंगी ही, सधवा को भी इस विशेषण या गाली से नवाज़ती नज़र आएंगी।

बनारस में कभी वेश्याओं की चर्चा सुरूर पर थी, तब वहीं से एक कहावत निकली-

रांड, सांड, सीढ़ी, संन्यासी।
इनसे बचे, सो सेवे काशी।।

विधवा होना सबसे घोर अभिशाप है और इस कारण 'रांड' कहलाना तो और भी अधिक अपमानजनक है। अतः शुभ और मंगलकार्यों में अज्ञानता और मूर्खतापूर्ण रूढ़ि के चलते विधवा स्त्रियां कभी सामने नहीं आतीं और कहीं एकान्त में अपने को छिपा कर बैठी रहती हैं। स्त्री के प्रति अमानुषिक व्यवहार अभी तक भी राजस्थान के गाँवों-कस्बों में देखा जा सकता है, जबकि यह इक्कीसवीं सदी, इन्सान के मंगल ग्रह पर जाने की योजना बना रही है।

अब 'रांड' शब्द के आगे के विस्तार को देखिए। जिसकी पत्नी मर जाये, वह 'रंडवा' कहलाता है और समाज में उसका मान-सम्मान भी ज़रा घट जाता है। स्त्री के साथ पुरुष को, दांपत्य अवस्था में अधिक आदर मिलना, स्त्री के महत्त्व को सिद्ध करता है। 'रंडवा' से स्त्रियां प्रायः सावधान और दूर रहती है। एक घटिया किस्म का गीत अनपढ़ स्त्रियां गाती सुनी जाती हैं-

बड़ का पान बड़ाबड़ बोले रे,
कुण रंडवा की नज़र लगी
म्हारो माथो दूखे रे॥

एक शब्द-रूप और है- 'रांड्यो'। यह उस व्यक्ति के लिए है, जो अन्याय का प्रतिकार न करे और उसे सहन कर चुप हो जाये! जिसमें भिड़ने की हिम्मत न हो, वह पुरुष होते भी 'रांड्या' माना जाएगा। दोहे की एक पंक्ति देखिए-

कदीं न रांड्या रण चढ्या
कदीं न बाजी बम्ब।

हिजड़ा और रांड्या शरीर से न सही, भीरु स्वभाव से लगभग एक जैसे माने गए हैं।

इसी तरह का एक शब्द और है- 'रांडूल्यो'। जिसे औरतों के बीच या पास में बैठना और उनसे अवांछित वार्तालाप करना पसन्द हो। या कि जो पत्नी का दास, अन्धभक्त हो। अथवा जिसकी चाल-ढाल और हाव-भाव औरतों जैसे हों। यानी निहायत स्त्रैण-प्रकृति का आदमी 'रांडूल्या' कहकर निन्दित किया जाता है।

रामाण

रामायण शब्द ही 'रामाण' हो गया, परन्तु अर्थ में बदलाव आया। रामायण, जहां राम के जीवन, परिवार और संघर्ष की कथा है, वहीं राजस्थानी में 'रामाण' का अर्थ- व्यर्थ की बकवास, कलह-क्लेश, मौखिक लड़ाई-झगड़ा, व्यक्तिगत दु:खों का रोना-धोना या अपनी ही हाँकते जाना, फेंकते जाना। यह व्यंग्यार्थ है! ऐसा अर्थ क्यों हुआ? चिंतनीय है।

'रामायण' विश्वविख्यात ग्रन्थ है। यदि विश्व का कोई भी शिक्षित नागरिक उससे अपरिचित है, तो समझिए उसकी शिक्षा अधूरी है। 'रामायण' के केन्द्र में राम हैं। त्रेतायुग के ईश्वरावतार होते हुए भी सामान्य आदमी की भाँति दु:ख और कष्टों से भरा किन्तु नैतिक सदाचार का जीवन जिया।

'राम' शब्द के मूल में 'रम्' धातु है। राम के जन्म से पहले से 'राम' शब्द और 'कृष्ण' के अवतार से पहले कृष्ण शब्द विद्यमान थे। हालांकि तब उनके अर्थ ऐसे थे जो इन अवतारों पर लागू माने गए। 'सीता' के जन्म से पहले ही 'सीता' शब्द मौजूद था, किन्तु उसका अर्थ था- हल के द्वारा खेत में खींची एवं खोदी गई रेखा। चूंकि हल की खुदी रेखा में से सीता का कुंभबद्ध जन्म हुआ- इसी कारण वह सीता कहलाई। यह कारण कार्यभाव है।

ठीक इसी तरह, राम का अर्थ है- सुन्दर, प्रिय, आनन्दप्रद, हर्षदायक। रम् धातु से ही अन्य शब्द रमण, रमणीय, विराम, आराम, रमना, रामा, अभिराम आदि बने है। राम के जीवन को केन्द्र में रखकर लिखा गया ग्रन्थ 'रामायण' है, जिसके आदि स्रष्टा कवि महर्षि वाल्मीकि थे। इस महाकाव्य में सात काण्ड और 24000 श्लोक हैं। वाल्मीकि-रामायण के पश्चात् देश में अनेक भाषाओं में अनेक 'रामायणें' लिखी गई- जिनमें तुलसीदास कृत 'रामचरितमानस' सर्वाधिक प्रसिद्ध हुई।

यह 'रामायण' महान् काव्यसूचक शब्द क्यों व्यंग्य में अर्थोपकर्ष का शिकार हुआ? इस लोकमानस के सोचने का कोई ठिकाना नहीं, कोई इलाज नहीं। राम का जीवन दुखद घटनाक्रमों से भरा हुआ है। ज़रा सोचिए, राम ने जीवन में क्या सुख देखा?

किशोरावस्था में ही यज्ञ को बचाने हेतु राक्षसों से जूझना पड़ा। राज्याभिषेक के दिन ही पिता दशरथ की मृत्यु, कैकयी का अन्याय और चौदह वर्ष का वनवास। दु:ख यहीं समाप्त नहीं हुआ। वनवास में मारीच की धोखेबाज़ी से रावण द्वारा सीता का अपहरण। सीता का पता लगाने का भगीरथ प्रयास। रावण से घनघोर युद्ध के बाद रावण का वध। फिर सीता से पुनर्मिलन होते ही उसकी अग्निपरीक्षा। अयोध्या-वापसी के बाद धोबी की कारगुजारी से सीता का जंगल में निर्वासन। लव-कुश के साथ सीता के पुनरागमन के साथ ही धरती का फटना और भूमिजा सीता का उसमें समा जाना। राम के हृदय का हाहाकार करना और सरयू में उनकी जलसमाधि- यह सब 'रामायण' अपनी घटनात्मक विडंबनाओं के कारण 'रामाण' में बदल गई। दुर्भाग्य के चलते राम के जीवन में जो अप्रिय परिस्थितियां और संकट आते गए उनसे रामायण का संपूर्ण सौन्दर्य-पक्ष धूमिल होकर लोक जीवन में जीवन के व्यर्थताबोध से जुड़ गया। राम के जीवन का यह व्यर्थताबोध ही 'रामायण' को लोक-जिह्वा से 'रामाण' बना देता है। पृथ्वीराज का जीवन भी राम-तुल्य ही घटना-बहुल था। अत: इस 'रासो' की नकल पर 'रामारासो' शब्द उत्पन्न हुआ जिसका तात्पर्य भी 'रामाण' के समान ही युद्ध व्यर्थताबोध से भरा है। यही नहीं, इस एक 'रासो' की महानता का मार्ग छोड़कर- फिर ऊन्दररासो, खटमलरासो तक लिखे जाने लगे।

एक महान् कृति का व्यंग्यार्थ में अध:पतन। यह लोकचित्तवृत्ति का कमाल है। भले ही अग्राह्य और अप्रिय हो।

राजस्थानी में सुनने को मिल जाएगा-

"कंई रामाण लेर बैठो यार।
ई बकवास ने बन्द करैनीं अबै।"

व्यक्तिगत सुख-दु:खों का पिटारा 'रामाण' है। फालतू की बकवास जिसका कोई उद्देश्य या सारतत्त्व नहीं, वह 'रामाण' है। पड़ोसियों का छोटी-मोटी बात पर लड़ाई-झगड़ा और सिर फुटौवल भी रामाण है। कहां राम और रावण का वैश्विक नैतिक मूल्यों पर आधारित धर्म और अधर्म का अविस्मरणीय युद्ध और कहां इन क्षुद्र और तुच्छ झगड़ों-बकवासों का अस्तित्व! वह रामायण है, ये सब 'रामाण' हैं।

'महाभारत' भी इस अर्थोपकर्ष से वंचित नहीं है। उसका अप्रतिम ज्ञान-पक्ष तो लुप्त हो गया और कौरव-पांडवों का सिंहासनार्थ युद्ध प्रधान अर्थ- कालान्तर में हर लड़ाई-झगड़ा 'महाभारत' कहा जाने लगा है।

रावळो

राजा, महाराजा या जागीरदार, ज़मींदार के निवास भवन को 'रावळा' कहा जाता है। इस शब्द के ब्रज, अवधी, राजस्थानी में भिन्न-भिन्न रूप मिलते हैं। तुलसीदास अनेक जगहों पर 'रावरो' या 'राउर' शब्द भगवान राम के लिए सम्मानसूचक संबोधन के तौर पर प्रयुक्त करते हैं:

रावरो कहावौं गुन गावौं राम रावरोई
रोटी द्वै हौं पावौं राम! रावरी ही कानि हौं।

(कवितावली, उ.कां., 63)

रावरे दोष न पायन को, पगधूरि को भूरि प्रभाउ महा है।

तुलसी के ईस राम, रावरे सों सांची कहौं।
बिना पग धोए नाथ, नाव न चढ़ाइ हौं।।
साँवरे से सखि रावरे को है?

(वही, अयोध्याकाण्ड, 7-8)

संस्कृत में जहां राजा, राजन्, राजः, राज्ञः, राट् जैसे अनेकरूप शब्द एक ही अर्थ मे प्रयुक्त होते है, वहा अपभ्रंश में राअ, राय, राआ, राउ, राए, शब्द समानार्थक हैं- इसी अपभ्रंश के प्रभाव से राजस्थानी में प्रायः राव, राय, रावत (राजपुत्र) के चलते निवास भी रावळा (राव+आलय= रावालयः) हो गया।

संस्कृत का मूल शब्द 'राज्' धातु रूप है जो भवादिगण का उभयपदी रूप है जिसके क्रियापद बनते हैं- राजति/राजते इत्यादि और इसका प्राथमिक-प्राचीनतम अर्थ है- चमकना, जगमगाना, शानदार या सुन्दर। फिर इसके आगे चलकर शासन करना, राज करना भी अर्थ-विस्तार हुए।

'नीराजना' यानी आरती में भी 'राज्' धातु ही है। विराजना, जो बैठने के अनुरोध स्वरूप कहा जाता है- में भी 'राज्' छिपा हुआ है। अतः राज् का मूल धातुपरक अर्थ चमक-दमक, शोभा आज के राजनेता, शासक, अफसरों में भी ग्लैमर बनकर छाया हुआ है। कहना न होगा कि हुकूमत के नाम पर खालिस चमक-दमक ही है। होता-जाता कुछ नहीं है। इस लोकतन्त्र में भी राज्यपाल, राज भवन, राजनीति, राजकोष जैसे अनेक शब्द प्रच्छन्न राजतन्त्र और सामन्तवाद के ही संकेतक हैं।

राजस्थान में, बड़ों से नाम आदि पूछना संकोच की बात है। फिर भी नाम-गांव आदि पूछना पड़े तो उन्हें 'आप' सूचक अर्थ में यही पूछा जाता है "रावळो नाँव कंई है सा?" या "रावळो कठै बिराजबो है सा?" यानी आप कहां के रहने वाले हैं। वहीं तुलसी ने भगवान् राम के लिए केवट आदि से 'राउर, रावरो' शब्द इसी अर्थ, इसी प्रयोजन से काम में लिए हैं।

लौकिक संस्कृत से भी पहले वैदिक संस्कृत में 'राट्' धातु प्रायः इसी अर्थ में प्रयुक्त हुई है- स्वराट्, विराट्, विभ्राट्, सम्राट् आदि के रूप में। इनसे वहां स्वाराज्यं, वैराज्यं, पारमेष्ठ्यं, राज्यम् आदि शब्द विकसित हुए। लोकमान्य तिलक के "स्वराज्य मेरा जन्मसिद्ध अधिकार है" तथा गाँधी जी की 'हिन्द-स्वराज' पुस्तक यहां तथैव स्मरणीय लगती है।

इस तरह, 'रावळो' शब्द की जड़ें- ठेठ वैदिक संस्कृत से लौकिक संस्कृत में आई। फिर प्राकृत-अपभ्रंश में तद्भव रूप लेकर राजस्थानी में वर्तमान रूप पाया। संस्कृत के विख्यात पर्याय कोश ग्रन्थ 'अमरकोश' में राजा के लिए निम्नलिखित पर्याय या विशेषण बताए गए हैं।

राजा राट् पार्थिवः क्ष्माभृन्नृपभूप महीक्षितः॥
राजा तु प्रणताशेष सामन्तः स्यादधीश्वरः।
चक्रवर्ती सार्वभौगो नृपोऽन्यो मंडलेश्वरः॥
येनेष्टं राजसूयेन मंडलस्येश्वरस्य यः।
शास्ति यश्चाज्ञया राज्ञः स सम्राडथ राजकम्॥

(द्वितीयकांड, 1, 2, 3)

'राजन्' भी पुल्लिंग नान्त (अन्त में 'न' का प्रयोग) शब्द होने से तृतीया विभक्ति के बाद राज्ञा, राज्ञः, राज्ञे आदि हो जाते हैं।

राजस्थान में जैसा कि इस नाम से ही स्पष्ट है- राजतन्त्र और उसकी आड़ में सामन्तवाद इतना ज़बर्दस्त रहा कि उसका चरम निर्दय रूप था। ब्रिटिश काल में अपनी रियासतें और गद्दी बचाने के लिए तत्कालीन अधिसंख्य राजाओं द्वारा स्वाधीनता सेनानियों पर घोर अत्याचार करना। फिर भी न उनका राज्य बचा और न ब्रिटिश शासन बचा। दोनों ही समाप्त हो गए।

कहने का तात्पर्य यह है कि आज से सौ साल पहले और अभी भी बहुत-कुछ सुदूर गांवों में भूतपूर्व राजा, सामन्त, राव, जागीरदार का ज़ोर, प्रभाव और आतंक है।

"रावळी मर्जी के बिना कंई नीं व्है सकै।
जसी रावळी मर्ज़ी।
रावळो हुकम सर-माथा पै।"

इस तरह के वाक्य आज भी राजस्थानी ग्रामीण-जीवन के भीतर रूढ़िबद्ध होकर व्याप्त हैं। हुकम, हुकुम, होकम, खम्मा घणीं, अन्नदाता- ये शब्द 'रावळा' की प्रभुता के ही द्योतक हैं।

धीरे-धीरे 'रावळा' की दीवारें टूटीं और फिर यह शब्द लोक-समाज में आम आदमी भी एक-दूजे के लिए काम में लेने लगे और पूछने लगे हैं- "रावळो नाम? रावळो बिराजबो?"

यहीं नहीं, रावळा की वंशावली बांचते-बांचते राजकुल के भाट और बन्दीजन भी 'राव' कहलाने लगे और चारण, भण्डारी, किलेदारों आदि ने भी अपने नाम के बाद 'सिंह' लगाना शुरू कर दिया, ताकि राजपरिवार से जुड़े होना सूचित करते हुए आम आदमी पर अपना रौब गालिब कर सकें।

शासन का केन्द्र होने से 'रावळो' शब्द राजस्थान में भय-कारक ही रहा। आज भी मन्त्री, कलेक्टर-ऑफिस या पुलिस थाने में जाकर अपनी पीड़ा सुनाने में आम आदमी वही भय और घबराहट महसूस करता है, जो 'रावळे' में बुलाए जाने पर, प्रवेश करते हुए गांव का सामान्य आदमी करता था।

लालो

लाल, लालो, लाल्या, लालूड़ा, लालका, लाली, लालूड़ी, लाला- ये सारे शब्द रूप 'लाल' की ही उपज हैं।

अब हम खोजते हैं- मूलाधार शब्द 'लाल' का इतिहास। इसकी धातु है 'लल्' जिसका अर्थ है- लाड़-प्यार करना, दुलारना, पुचकारना। यथा

'सुत लालनम्'

* * * * * * *

"लालनाद् बहवो दोषाः ताडनाद् बहवो गुणाः।"

इस 'लाल' में लाल-रंग का कोई तालमेल नहीं हो सकता। हालांकि, यह घालमेल संत कबीर कर चुके हैं-

लाली मेरे लाल की जित देखूं तित लाल।
लाली देखन मैं चली तो मैं भी हो गई लाल॥

इसमें लाल (प्रिय ईश्वर) को लाल (रंग) से अलग करना पड़ता है। यमक अलंकार भले ही हो, पर शब्द और उनकी व्युत्पत्ति भिन्न है।

यह 'लल्' धातु भी बड़ी ज़ालिम है। इसके और भी अर्थ हैं- खेलना, क्रीड़ा, इठलाना, किलोल करना, जीभ बाहर निकालना।

यही नहीं 'लल्' से रचित शब्दों की बहुलता है- लाल, लालन, ललना, ललाम, ललित, ललिता। 'गीत गोविन्द' इनसे भरा पड़ा है।

एक उदाहरण देखिए 'उत्तर रामचरितम्' से-

सलीला ललित ललितेज़र्योत्स्ना प्रायैरकृत्रिमविभ्रमैः।

(1-20)

प्राकृत-अपभ्रंश में भी इसके मिलते-जुलते शब्द रूप हैं किंचित् बदलाव के साथ- लाल, लालण।

हमारे विचार से 'लालो' शब्द की व्युत्पत्ति इस प्रकार संभावित है- लालितः → लालितउ → लालिदउ → लालउ → लालो।

बच्चा क्रीड़ाप्रेमी होता ही है। उसके इस सहज गुण को माता-पिता बहुत प्यार से अनुभव करते हैं। अतः बालक की क्रीड़ा और बड़ों का प्यार, दोनों अर्थ- मिश्रित होकर इस 'लाला' में समा गए हैं। लाला जहां हिन्दी-ब्रज-अवधी आदि में खूब प्रचलित है, वहीं राजस्थानी ओकारान्त स्वभाव की होने से इसे 'लालो' रूप दे देती है।

कृष्ण की बाल-लीला ने इस शब्द की शोभा खूब बढ़ाई है। आज भी कृष्ण भक्तों, कृष्ण-मन्दिरों में 'लालन' का अर्थ बालरूप कृष्ण की छवि से माना जाता है। राजस्थान के नब्बे प्रतिशत माता-पिता बच्चे को 'लालो' या 'भायो' से ही संबोधित करते हैं।

सांपड़णो

'सांपड़णो' या 'सापंड़बो' शब्द राजस्थानी में नहाने के अर्थ में प्रयुक्त होता है। हिन्दी का 'नहाना' भी स्नान से ही रूपांतरित हुआ है। स्नान → सनान → नहान। 'स' ध्वनि के 'ह' में बदलने से धुर गाँवों में तो 'हांपड़बो' शब्द ही ज़्यादातर बोला जाता है।

इसकी उत्पत्ति संस्कृत के 'स्नानम्' या 'स्नपनम्' शब्दों से हुई है। इस क्रिया की मूल धातु 'स्ना' है, जिसमें 'ल्युट्' प्रत्यय लगने से 'स्नानम्' शब्द बनता है।

स्नान का भारतीय जनजीवन, धर्म और संस्कृति में प्राचीनकाल से महत्त्व है। कोई भी शुभकार्य-मंगलकार्य स्नान के बिना नहीं किया जाता है। कोई घोर प्रमादी स्नान से कितनी ही नफरत करता हो, उसे तीन बार तो ज़िन्दगी में नहाना ही पड़ता है- जन्म लेते ही, लग्न के समय और मृत्योपरांत। तीनों अवसरों पर दूसरे ही उसे नहलाते हैं। जन्म के समय दाई, विवाह में नाइन या सेवक और मृत्यु पर घर वाले उसे स्नान कराते हैं। जीवन में स्नान से वह बच नहीं सकता। अनेक पशु-पक्षी भी जब-तब नहाए बिना नहीं रहते- हाथी, बन्दर, चौपाए, कबूतर, चिड़िया आदि स्नान के शौकीन होते हैं।

प्राचीन भारत में गुरुकुल में अध्ययन पूरा हो जाने के बाद उसे 'विद्वान्' की मान्यता देकर गार्हस्थ्य में प्रवेश हेतु गुरुजी, स्नान कराने के बाद आशीर्वाद और आज्ञा देते थे जिसे 'प्रत्यावर्तन संस्कार' कहा जाता था। अर्थात् गुरुगृह से निजगृह को वापसी था और वह बिना स्नान के संभव नहीं था। अत: यह विदाई का स्नान ही उसकी ज्ञानोपलब्धि सूचक उपाधि हो गई और वह 'स्नातक' कहलाने लगा। आज भी यूनिवर्सिटी का बी.ए. पास छात्र 'स्नातक' कहलाता है और एम.ए. पास स्नातकोत्तर।

'स्ना' धातु का अर्थ ही शुद्ध करने या होने से है।

हर भारतीय की दिनचर्या 'स्नान' से शुरू होती है। यहां का वाङ्मय स्नान की महत्ता से भरा पड़ा है। तीर्थों में स्नान का तो और भी ज़्यादा महत्त्व है। कोई भी

बड़ा एवं महान कार्य करने के बाद 'गंगा नहाए' मुहावरा बोलना सामान्य-सी बात है। राजस्थान में तो आशीर्वाद में भी 'दूधों नहाओ, पूतों फलो' का मंगल-वचन है।

स्याणो

आश्चर्य होगा कि 'स्याणो' शब्द संस्कृत के 'सज्जन' शब्द का परिवर्तित एवं विकसित रूप है। 'सत्' में 'जनः' जोड़ने से 'सज्जनः' बना। इसका अर्थ है भद्र पुरुष, पुण्यात्मा, सदाचारी, भला आदमी। सत् शब्द स्वतः विविधार्थक है- विद्यमान, सत्य, सत्ता, अच्छा, सद्गुण संपन्न महात्मा।

प्राकृत में सज्जनः का सज्जण रूप हो गया। अपभ्रंश में भी ठीक यही शब्द यथावत है।

किन्तु, अपभ्रंश से राजस्थानी में आने पर इसका रूप साइनो हो गया है जो लोकगीतों में श्रोतव्य है।

इधर उर्दू-फारसी में भी एक शब्द इसी ध्वनि और अर्थ का पाया जाता है-सयाना। यानी समझदार, विवेकशील, युवा, शालीन, प्रौढ़ और बुजुर्ग आदमी। सयाना, सयानो, स्याणो ये क्रम भी तर्कसंगत है। समझदारी और युवावस्था का सम्मिलित अर्थ रखता है- सयाना। लड़की जवान होने पर उसे 'सयानी' इसीलिए कहते हैं।

अंग्रेजी राज में तो 'स्याणा' जी का एक पद होता था। जिस प्रकार 'डाणी जी' का होता था। पूर्वरूप सज्जन में बदलाव हिन्दी में भिन्न तरीके से आया। मुख-सुख और श्रुतिमधुर बनाने के उद्देश्य से इसके अनेक शब्दरूप लोकगीतों, फिल्मी गीतों में बना दिए गए-

साजन, सजना, सजनी आदि।

राजस्थानी में तो साजण और साइनो दो रूप ज़्यादा चले-

साजण आया हे सखी! कांई भेंट करां।
मोत्यां सूं भर थाळ नै ऊपर नैण धरां।।

'स्याणा' शब्द राजस्थानी का होते हुए भी अब हिन्दी में बोलचाल की शैली में व्यंग्यात्मक रूप से व्यवहार में आने लगा है। जैसे कोई ज़्यादा ही चतुराई करने लगे तो उसे प्रतिपक्षी कहता है- "ज़्यादा स्याणा बनने की कोशिश मत कर।" यह भी कि- "ज़्यादा ही स्याणपत लगा रहा है।"

❍

हरण्याबाव

मृगतृष्णा के वशीभूत हुए मनुष्य के लिए राजस्थानी में 'हरण्याबाव' शब्द काम में आता है। लोभी या मायान्ध व्यक्ति धन के पीछे सुध-बुध भूलकर भागता रहता है- परिणाम उसकी जीवन शक्ति और आयुष्य क्षीण होकर वह इसी भागदौड़ में मर जाता है।

सर्वविदित है कि मरुस्थल में ग्रीष्म ऋतु में रेत के धोरों पर जैसे जल लहराता हुआ नज़र आता है, उसे वास्तव में पानी जानकर हरिण उसकी तरफ दौड़ता है। पहले तो प्यासा हरिण, फिर जल की आशा में दौड़ना और जल वहां है ही नहीं- केवल दृष्टि-भ्रम है। इस दौड़भाग, पानी न मिल पाने से वह प्राण छोड़ देता है। यही हाल लोभी और तृष्णाकुल मनुष्य का होता है। इसीलिए आचार्य रामचन्द्र शुक्ल ने लोभी और कृपण की इस तितिक्षा और कष्ट सहिष्णुता की तारीफ करके भी उसे धिक्कारा है- "लोभी, तुम धन्य हो! तुम्हें धिक्कार है!"

संस्कृत में हरिण के लिए अनेक पर्यायवाची शब्द हैं। भारत में, हरिण का उल्लेख प्रायः सभी भाषाओं- विशेषकर संस्कृत-साहित्य में बार-बार हुआ है। हरिण, वन्य पशुओं में सर्वाधिक सुन्दर माना गया है। राष्ट्रीय पशु भी बाघ की जगह इसे ही बनाया जाना चाहिए था।

वैसे इसके दो पर्याय बहुप्रचलित हैं- हरिण और मृग। इनमें 'मृग' विविध अर्थों वाला व्यापक शब्द है। 'मृग्' धातु ढूंढने या खोजने के अर्थ में रही। प्राचीनकाल में, खोजने के बाद 'हरिण' शिकार के लिए मिल पाता था। अतः इसे 'मृग' कहने लगे और मृग हेतु शिकार पर जाना 'मृगया' कहलाने लगा। 'मृग' शब्द अपने में केवल हरिण का ही वाचक नहीं है। जंगल के लगभग सभी चौपाये जानवर पहले 'मृग' कहलाते थे। शेर को 'मृगेन्द्र' इसलिए कहा गया है कि वह सभी वन्य पशुओं में ज़्यादा शक्तिशाली है। एक श्लोक प्रसिद्ध है-

नाऽभिषेको न संस्कारः सिंहस्य क्रियते मृगैः।
विक्रमार्जितराज्यस्य स्वयमेव मृगेन्द्रता।।

कालिदास के 'अभिज्ञान शाकुन्तलम्' में तो शकुन्तला के बराबर हरिण को महत्त्व दिया गया है। 'आश्रममृगोऽयं न हन्तव्यः' कहकर, दुष्यन्त को शिकार से रोक दिया जाता है।

'हरिण' के भी 'मृग' की भाँति अनेक अर्थ हैं- श्वेत रंग, हंस, सूर्य, विष्णु और शिव। मुख्यार्थ- मृग ही है। मृग का मुख्यार्थ भी 'मृग' है।

मृगनयनी और हरिणाक्षी विशेषण बड़ी और सुन्दर आँखों वाली स्त्री के लिए साहित्य में रूढ़ शब्द बन चुके हैं- राजस्थानी गीतों में 'मिरगानैणी' लोकप्रिय शब्द है। इसके साथ 'गजगामण' यानी 'गजगामिनी' भी।

चूंकि भारतीय साहित्य और संस्कृति में 'हरिण' बहुत लोकप्रिय रहा है। अतः इसके अनेक पर्यायवाची शब्दों की तरह हरिण-प्रजाति के अनेक प्रकार भी हैं। अमरकोश में हरिण के 18 भेद बताए गए हैं-

कृष्णसाररुरुन्यङ्कुरङ्कु शम्बर रौहिषाः।
गोकर्ण पृषतैणर्श्य रोहिताश्चमरो मृगाः।।
गन्धर्वः शरभो रामः सृमरो गवयः शशः।

केवल हरिण पर आधारित एक विशाल ग्रन्थ लिखा जा सकता है। परन्तु हमारा, यहां उद्देश्य 'हरण्याबाव' अर्थात् मृगतृष्णा तक सीमित है। अस्तु!

राजस्थानी में हरिण का 'हरण्यो' रूप हो जाता है। हिन्दी और ब्रज आदि में हिरण-हिरन रूप प्रचलित हैं। 'हरण्या' तक तो ठीक है- इसके साथ यह 'बाव' शब्द क्या है? कहां से आया? 'हरण्या-बाव' में हरिण की भाँति मरुजल के पीछे निरर्थक दौड़ना 'बाव' शब्द से प्रकटित होता है। यह 'बाव' बहाव तथा प्रवाह का घिसा हुआ अंश है। दौड़ने में गति का जो प्रवाह और जल में बहने का जो भाव है वह बहाव कहलाता है- यही 'बाव' होकर हरण्या के साथ जुड़कर 'हरण्याबाव' हो गया। इससे बचना चाहिए। क्यूंकि अनेक बार जो दिखता है- वह होता नहीं है। दार्शनिक आचार्यों, सन्तों-भक्तों ने तो इस संसार को ही 'मृगतृष्णा' और मायानगरी मानकर मिथ्या घोषित किया है।

हूमड़ो

यह राजस्थानी का शब्द बहुत कम बोलने वाले या जान-बूझकर बात नहीं करने वाले व्यक्ति के लिए काम आता है। राष्ट्र की गंभीर समस्याओं अथवा अप्रत्याशित घटनाओं पर भी यदि देश का प्रधानमन्त्री या ज़िम्मेदार प्रतिनिधि चुप रहता है- कुछ भी प्रतिक्रिया व्यक्त नहीं करता, तो वह 'हूमड़ा' ही कहलाएगा।

यह एक देशज शब्द प्रतीत होता है, जिसकी किसी तत्सम शब्द से व्युत्पत्ति सिद्ध नहीं होती। संस्कृत में 'सूम' शब्द ज़रूर है, पर उसके अर्थ एकदम भिन्न हैं- पानी, दूध और आकाश।

हां, हिन्दी में भी एक देशज शब्द है- 'सूम'। 'सूम' से इस 'हूमड़ा' की निकटता लगती है। 'स' ध्वनि 'ह' में बदलना राजस्थानी की प्रकृति है जैसे सरदार का हरदार, साँच का हाँच हो जाता है वैसे ही सूम का हूम होकर 'ड़ो' प्रत्यय जुड़ने से हूमड़ो बना होगा।

हिन्दी में 'सूम' का प्रयोग लोभी, लालची और खासकर कंजूस-कृपण-मूंजी के अर्थ में होता है। हिन्दी साहित्य में 'सूम' की खूब खिल्ली उड़ाई गई है। उसकी कंजूसी का उपहास किया गया है, जिसका प्रमाण है- सूम बाईसी, 'सूमरासो' जैसी रीतिकालीन कविताएं।

कंजूसी में बदनाम, औरंगजेब ने किसी कवि को एक बूढ़ी हथिनी दान में दे दी। उस कवि ने इस पद्य में बादशाह की कंजूसी का जो मज़ाक उड़ाया वह जानने योग्य है-

तिमिर लंग लइ मोल, चली बाबर के हलके।
रही हुमायूँ संग फेरि अकबर के दलके॥
जहांगीर जस लियो पीठि को भार हटायो।
साहजहां करि न्याय ताहि पुनि मांड़ चटायो॥

बलरहित भई पौरुष थक्यो, भगी फिरत बन स्यार डर।
औरंगज़ेब करिनी सोई लैं दीन्ही कविराज कर॥

इसी तरह, बेनी बन्दीजन नामक कवि को किसी दयाराम ने छोटे-छोटे आम खाने को दिए। उस दाता की कंजूसी का उपहास बेनी के शब्द में बहुत मनोरंजक है-

चींटी को चलावै को?
मसा के मुख आपु जाय
स्वास की पवन लागे कोसन भगत हैं।
ऐनक लगाए मरु-मरु के निहारे जात
अनु परमानु की समानता खगत है
बेनी कवि कहे हाल कहां लौं बखान करौं
मेरी जान ब्रह्म को बिचारिबो सुगत है।
ऐसे आम दीन्हें दयाराम मन मोद करि
जाके आगे सरसों सुमेरु सो लगत है॥

कम बोलने वाला हो या कंजूस हो- दोनों का स्वभाव एक जैसा होता है। कंजूस आदमी बिना मतलब के बोलता नहीं है- अपनी ऊर्जा बर्बाद नहीं करता। ज़्यादा बोलने से उसका मूंजीपना उघड़ता है। कंजूस होते हुए भी कंजूस दिखना या कहलाना नहीं चाहता। इसलिए 'सूम' अथवा हूमड़ा बने रहने में ही वह अपनी कुशल समझता है।

❍

॥ इति ॥